bank&compliance

Die neue MaRisk-Compliance-Funktion

Ein Leitfaden für die Bankpraxis

Timo Boldt
Karsten Büll
Michael Voss

Wir bedanken uns an dieser Stelle bei Frau Rechtsanwältin Gerdemann für ihren Beitrag, rechtliche Betreuung und die Qualitätssicherung. Luise Gerdemann ist Rechtsanwältin und beschäftigt sich schwerpunktmäßig mit den Bereichen Arbeitsrecht und Compliance. Im Rahmen dieses Praxisleitfadens war sie für die rechtliche Einbettung des Themas insbesondere im Bereich der Wertpapier-Compliance und den Unterschieden zu der aktuellen MaRisk verantwortlich.

Bibliografische Information der Deutschen Nationalbibliothek: Die Deutsche Nationalbibliothek verzeichnet diese Publikation in der Deutschen Nationalbibliografie; detaillierte bibliografische Daten sind im Internet über http://dnb.ddb.de abrufbar

Der Inhalt dieses Buches wurde auf FSC-zertifiziertes Papier gedruckt.

Druck: ICS Communikations-Service GmbH, Bergisch Gladbach

Art.-Nr. 22.500-1300
ISBN 978-3-86556-405-4

Inhaltsverzeichnis

1 Vorbemerkung

Bislang ergaben sich die Anforderungen an eine Compliance-Funktion lediglich aus dem Wertpapierhandelsgesetz (WpHG), welches ausschließlich für Wertpapierdienstleistungsunternehmen gilt. Diese Anforderungen wurden durch die Mindestanforderungen an die Compliance-Funktion (MaComp) konkretisiert, wonach Wertpapierdienstleistungsunternehmen eine unabhängige, wirksame und dauerhafte Compliance-Funktion einzurichten haben, die insbesondere die Angemessenheit und Wirksamkeit der organisatorischen Maßnahmen im Rahmen der Erbringung von Wertpapier(neben)dienstleistungen regelmäßig überwacht und bewertet.

Die Bundesanstalt für Finanzdienstleistungsaufsicht (BaFin) hat in Zusammenarbeit mit der Deutschen Bundesbank am 14.12.2012 eine Novellierung der Mindestanforderungen an das Risikomanagement (MaRisk) veröffentlicht. Hiernach haben Kreditinstitute eine sogenannte MaRisk-Compliance-Funktion einzurichten, welche neben den „originären" Themen rund um WpHG, Geldwäsche- und Fraud-Prävention auch allgemein wirksame Verfahren und Kontrollen zur Einhaltung der für das Institut wesentlichen rechtlichen Regelungen und Vorgaben zu überwachen und zu bewerten hat und sich mit den Risiken von Nichteinhaltung solcher Bestimmungen befassen muss. Derzeit zeichnet sich ab, dass die neue MaRisk-Compliance-Funktion wohl nicht für sämtliche gesetzlichen Bestimmungen oder sonstigen Vorgaben, sondern nur für die „institutsspezifisch wesentlichen" Rechtsbereiche und Sachverhalte verantwortlich sein wird.

Die MaRisk-Compliance-Funktion ist neben dem Risikocontrolling und der Internen Revision als besondere Funktion im Sinne der MaRisk einzuordnen. Damit wird der Verantwortungsbereich zukünftig unternehmensintern ausgeweitet. Bereits bei der Bestimmung der Definition der Wesentlichkeit von Regelungen und Vorgaben sowie deren Erhebung und der Durchführung einer Risikoanalyse sind alle relevanten Fachbereiche eines Instituts einzubeziehen.

Nur so können die Anforderungen an ein umfassendes MaRisk-Compliance-Management erfüllt werden. Dabei werden die neuen Aufgaben maßgeblich durch die Abgrenzung des Begriffs der „institutsspezifischen Wesentlichkeit" der Vorschriften und die intern klare Festlegung von Verantwortlichkeiten und Zuständigkeiten bestimmt.

Da sich vor diesem Hintergrund viele Fragen mit Blick auf eine angemessene Implementierung und Konzeption einer Compliance-Funktion nach der neuen MaRisk stellen, soll aufgezeigt werden, wie Finanzinstitute den neuen Anforderungen an eine MaRisk-Compliance-Funktion gerecht werden können. Es werden Ansätze aus der gängigen Marktpraxis aufgezeigt, um einen Überblick über die Herleitung und den Umfang der zu überwachenden Vorschriften zu geben. Schwerpunkte bilden die Implementierung und Gestaltung einer MaRisk-Compliance-Funktion und deren Bereichsorganisation sowie die nachfolgende Umsetzung und Etablierung der gesetzlich geforderten Überwachungsfunktion. Daneben werden neue compliance-relevante Aufgabengebiete aufgezeigt, die aber aufgrund einer individuellen und institutsspezifischen Risikoanalyse unterschiedliche Ausprägungen erfahren können.

Ein umfassendes Compliance-Management nach den Vorgaben der neuen MaRisk wird zwangsläufig einen entsprechenden kulturellen Wandel im Unternehmen einleiten. Die Umsetzung der Anforderungen wird eine neue unternehmensweite Kontrollinstanz und die Implementierung einer zentralen Evidenzstelle voraussetzen, was zukünftig eine Intensivierung der Zusammenarbeit und Abstimmung zwischen der MaRisk-Compliance-Funktion und anderen Unternehmensbereichen notwendig macht. Hier wird ein besonderes Augenmerk auf Bereiche wie Interne Revision, Risikocontrolling, Stabsstellen, Organisations- und Rechtsabteilungen liegen. Auch in diesem Zusammenhang werden Möglichkeiten und Wege aufgezeigt, wie Institute bestehende Schnittstellen nutzen und Zuständigkeiten und Verantwortlichkeiten definieren können, um somit insbesondere organisationsinterne Konflikte zu vermeiden sowie Mehrwert und Effizienz zu steigern.

Dies vorangestellt versteht sich dieses Praktiker-Handbuch „MaRisk-Compliance“ als eine Art Richtlinie in der täglichen Berufspraxis. Das vorliegende Werk ist so aufgebaut, dass der Leser punktuell in einzelnen Kapiteln nachlesen kann, um praxisorientiert Hilfestellungen zu erhalten. Ziel ist es dabei, sich dieser neuen aufsichtsrechtlichen Herausforderung nicht nur theoretisch, sondern zugleich mit praktischen Lösungsvorschlägen zu nähern. Die Kapitel des Buches sollen bereits auf Kernelemente abstellen, die notwendig sind, um eine angemessene MaRisk-Compliance-Funktion einzurichten, auszubauen und zu gestalten.

Informieren

In dem Kapitel „Informieren“ wird der Ursprung und die historische Entwicklung des Begriffes „Compliance“ erläutert: Wie und wo entstand „Compliance“? Inwieweit hat sich die Betrachtungsweise und Deutung dieses Begriffs zunehmend weiterentwickelt, bis hin zum heutigen Begriffsverständnis? Im weiteren Fokus der theoretischen Betrachtungsweise stehen die Mindestanforderungen an das Risikomanagement – MaRisk und die Mindestanforderungen an die Compliance-Funktion – MaComp.

Konzipieren

In dem Kapitel „Konzipieren“ liegt der Blickpunkt auf den praktischen Auswirkungen der Anforderung der neuen MaRisk mit Compliance-Bezug. Welche Überlegungen und Handlungsschritte sind notwendig, um eine von der BaFin gewünschte und geforderte MaRisk-Compliance-Funktion zu implementieren? Es werden notwendige Bausteine für die Einrichtung bzw. den Ausbau einer funktionierenden MaRisk-Compliance-Funktion vorgestellt. Sämtliche Vorüberlegungen und konzeptionellen Vorarbeiten sind das Fundament für eine erfolgreiche Implementierung.

Implementieren

Nach Abschluss der Phase der Konzeption gilt es, die Maßnahmen in den Instituten zu implementieren. Hierzu werden in dem Kapitel „Implementieren“ je nach den institutsspezifischen Ergebnissen der Konzeptionsphase praxisnahe Implementierungsansätze und Umsetzungsbeispiele aufgezeigt.

Funktionieren
Nach der Implementierung muss eine MaRisk-Compliance-Funktion auch „Funktionieren". Da insbesondere in mittelständischen Kreditinstituten die Gefahr besteht, dass eine implementierte MaRisk-Compliance-Funktion keine Wirksamkeit entfalten kann oder die aus den aufsichtsrechtlichen Neuerungen resultierenden Auswirkungen kurzerhand unterschätzt werden, sollen Mittel und Verfahren beschrieben werden, die eine konstruktive Wahrnehmung potenzieller Aufgaben und Maßnahmen sicherstellen. Ziel des Kapitels „Funktionieren" ist es, ausgewählte und praxisnahe Hilfestellungen zu geben.

Umsetzung in der Praxis
Dieses Kapitel gibt dem Leser einen Überblick über die sich erwartungsgemäß herauskristallisierenden Kernaufgaben und Kompetenzen der neuen MaRisk-Compliance-Funktion. Welches sind diese Kernaufgaben und wie sehen die Tätigkeiten in der Praxis aus? Wie sehen potenzielle neue Aufgabenbereiche aus? Im Rahmen der Konzeptions- und Implementierungsphase haben sich gewisse Strukturen und Prozesse herausgebildet, welche umzusetzen und weiter zu festigen sind.

Ausblick
In einem Ausblick werden mögliche Entwicklungen und Tendenzen im Zusammenhang mit der MaRisk-Compliance-Funktion aufgezeigt. Insbesondere werden „Verzahnungen" von weiteren compliance-nahen Themenbereichen und „risikonahen" Fachbereichen in den Instituten skizziert. Welche zusätzlichen Synergien sind heute schon abzusehen?

2 Informieren

In diesem Kapitel werden relevante Informationen vorgestellt, die ein Grundverständnis für Compliance liefern und hilfreich bei der Einrichtung und dem Ausbau einer MaRisk-Compliance-Funktion sind. Es wird auf den Ursprung von Compliance, die Entwicklung im Bankenumfeld, rechtliche Grundlagen und neueste Entwicklungen im Zusammenhang mit der MaRisk eingegangen.

Keywords: Grundverständnis, Begriffsbestimmung, rechtliche Herleitung, MaRisk, MaComp, Informieren

2.1 Ursprung Compliance

Eigentlich sollte man davon ausgehen, dass es für Unternehmen und ihre Organe selbstverständlich ist, dem geltenden Recht entsprechend zu handeln und sich ein weiterer englischer Begriff, der dies noch einmal feststellen soll, erübrigen dürfte. Und doch hat sich der Ausdruck Compliance in der (Finanz-)Wirtschaft mittlerweile etabliert, was nicht zuletzt darauf zurückzuführen ist, dass der Begriff Compliance viel mehr als seine wörtliche Übersetzung bedeutet.

Auch von einem Modewort kann längst nicht mehr gesprochen werden. Zahlreiche Publikationen in Fachzeitschriften, das Erscheinen von Büchern, die Herausgabe von diversen Fachzeitschriften sowie die Durchführung von Vorträgen, Seminaren und sogar Studiengängen bis hin zu einer selbstständigen Organisationseinheit im Unternehmen haben dies nachhaltig bewiesen.

Obwohl das Thema Compliance mittlerweile in aller Munde ist, existiert bis heute keine allgemeingültige und vor allem in alle Bereiche passende Definition. Im Zusammenhang mit dem Begriff Compliance tauchen regelmäßig auch Begrifflichkeiten wie Corporate Governance, Richtlinien, Haftungsvermeidung, Korruptionsprävention, Datenschutz und Verbraucherschutz auf.

Nur selten wird dabei aber erklärt, was sich wirklich hinter dem Begriff Compliance verbirgt und inwieweit sich dieser mittlerweile in Gesetzen, Richtlinien und (verpflichtenden) Standards manifestiert hat.

2.2 Historische und etymologische Herleitung

Tatsächlich stammt der Begriff Compliance ursprünglich aus der Medizin und steht für das konsequente Befolgen des ärztlichen Rates durch den Patienten im Rahmen einer Therapie. Man könnte also auch von einer „Therapietreue" des Patienten sprechen.

Compliance im wirtschaftlichen und juristischen Sinn lehnt sich demgegenüber an die direkte Übersetzung des Wortes an[1] und bedeutet kurz gesagt, ein regelkonformes Verhalten, also die Beachtung von Richtlinien, Gesetzen und freiwilligen Verhaltensregeln.

Seinen Ursprung hat das heutige Compliance-Verständnis im Bereich des Bank- und Kapitalmarktrechts, wo zur Wahrung der Marktintegrität und Vermeidung von Interessenkonflikten im Wertpapierhandel bereits Anfang der Neunzigerjahre die ersten Compliance-Funktionen entwickelt wurden, in Form von einzelnen Mitarbeitern oder Organisationseinheiten, welche dazu gebildet wurden, die wertpapierrechtlichen Vorschriften systematisch sicherzustellen.[2]

Daneben muss der Ursprung des heutigen Compliance-Verständnisses im Sarbanes-Oxley-Act[3] gesehen werden. Das Gesetz wurde 2002 in den USA eingeführt und gilt für börsennotierte Aktiengesellschaften. SOX war eine Reaktion der Regierung auf Bilanzfälschung und Manipulation nach den Skandalen von Enron[4]

1 „To Comply with" in Übereinstimmung mit, die Bedingungen erfüllend.

2 Vgl. Park-Bottmann, HK Kapitalmarktstrafrecht, Teil 3, Kap.1 Rn.2 mwN.

3 Sarbanes-Oxley Act of 2002 im Folgenden Teil 3, Kap.1 Rn.2 mwN.

4 Enron beschäftigte 22.000 Mitarbeiter und verursachte durch fortgesetzte Bilanzfälschung im Januar 2002 einen der größten Unternehmensskandale der US-Wirtschaft.

und MCI WorldCom[5] und stellt eine drastische Verschärfung der gesetzlichen Vorschriften für die Unternehmensberichterstattung dar. Das Ziel des Gesetzgebers war es, mit SOX das Vertrauen der Anleger in die Richtigkeit und Verlässlichkeit der öffentlichen Finanzdaten von Unternehmen wiederherzustellen. Dies wurde unter anderem durch die verschärfte Haftung der Geschäftsführung für Bilanzen, die Transparenz von Unternehmensprozessen, eine SOX-konforme IT-Landschaft, Ethikrichtlinien und Hinweisgebersysteme, sogenannte Whistleblower-Hotlines erreicht.

Trotz der Tatsache, dass die Mehrheit der deutschen Unternehmen nicht unmittelbar von SOX betroffen ist, wurde durch dieses Gesetz der Begriff Compliance in Deutschland branchenübergreifend bekannt.

Das Inkrafttreten von SOX ist also in gewisser Weise als Beginn der „Compliance-Welle“ zu sehen.

2.3 Compliance aus heutiger Sicht

Compliance zielt auf Haftungsvermeidung von Unternehmen, Geschäftsleitung, Management und Mitarbeitern ab. Eine Haftung, die dann entstehen kann, wenn Regeln, Gesetze sowie interne Pflichten und Richtlinien nicht eingehalten werden.

Es ist natürlich nichts Neues, dass sich Unternehmen an Recht und Gesetz halten müssen. Und doch ist es heutzutage eine Herausforderung für Unternehmen, der hohen Anzahl an relevanten Vorschriften, Regelwerken und Gesetzen gerecht zu werden. Rückblickend betrachtet erkennt man, dass sich bis weit in das letzte Jahrhundert hinein, gesellschaftliche und wirtschaftliche Entwicklungen über viele Jahre und Jahrzehnte entwickelten, so dass dem Gesetzgeber und den Unternehmen ausreichend Zeit blieb, sich auf die neuen Entwicklungen einzustellen[6]. Diese Entwicklung hat sich in den letz-

5 MCI WorldCom löste im Juli 2002 einen der weltweit größten Börsenskandale aus, nachdem die Börsenaufsicht Fehlbuchungen i. H. v. 11 Mrd. US-Dollar aufdeckte.

6 Vgl. Kölbel (2008), S. 22, 27f.

ten Jahrzehnten jedoch grundsätzlich verändert. Insbesondere die fortlaufende Globalisierung und die Entstehung von Risikogesellschaften sind Gründe dafür, dass die einzuhaltenden Normen und die rechtlichen Entwicklungen immer unübersichtlicher und vielfältiger geworden sind und sich stetig weiterentwickeln.

Um diesen Umständen gerecht zu werden, hat sich das heutige Compliance-Verständnis entwickelt. Compliance bedeutet damit nicht mehr nur die Einhaltung der bestehenden Regeln und Gesetze, sondern auch die Summe der Maßnahmen, durch die ein Unternehmen sicherstellt, dass die geltenden Regeln und Gesetze zum einen eingehalten werden und zum anderen etwaige Verstöße aufgedeckt werden.[7]

Damit kann man Compliance eher als einen notwendigen organisatorischen Mechanismus beschreiben. Sie ist nicht das Axiom der Unabdingbarkeit von Regelkonformität, dieses ergibt sich aus den existierenden rechtlichen und faktischen Rahmenbedingungen per se, aber sie ist deren Sicherstellung im Unternehmensalltag.

Compliance-Organisationen sollen also in genereller Hinsicht das Handeln im Einklang mit dem geltenden Recht gewährleisten, so dass sich Compliance als die Gesamtheit aller Aufsichtsmaßnahmen zur Sicherstellung eines regelgerechten Verhaltens der Unternehmensangehörigen – auch und gerade in präventiver Hinsicht – definieren lässt.[8]

Ein solches Begriffsverständnis spielt gerade im Finanzsektor angesichts der jüngsten Finanzkrise für das Vertrauen in einen funktionierenden und integren Finanzmarkt eine herausragende Rolle. In diesem Bereich sind die Anforderungen an ein angemessenes Risikomanagement aufgrund der strengen kapitalmarktrechtlichen Vorschriften und vielfältigen Interessenskonflikten besonders hoch und für das Ansehen des Finanzstandortes Deutschland von erheblicher Bedeutung.[9]

7 Vgl. Neuhaus (2010), S. 348; Hauschka et al.(2010), S. 257; Gabler (2004), S. 604.

8 Vgl. Park-Bottmann, HK Kapitalmarktstrafrecht, Teil 3, Kap.1 Rn.2; Poppe in Görling et al. (2010), Kap.1 Rn.1.

9 Vgl. Eisle, in Schimansky et al., §109 Rn. 3.

2.3.1 Rechtliche Grundlagen

Grundsätzlich ist die Geschäftsleitung eines Finanzinstituts, unabhängig von spezialgesetzlichen Regelungen im Kapitalmarktrecht, dazu verpflichtet, eine ordnungsgemäße Organisation des Geschäftsbetriebes einzurichten und auf ein rechtskonformes Handeln der Gesellschaft an sich und der Mitarbeiter hinzuwirken.[10]

Rein rechtlich ergibt sich die Haftung des Vorstandes einer AG aus §§ 76, 93 Abs. 1 AktG, aus § 43 Abs. 1 GmbHG für den Geschäftsführer einer GmbH und aus §§ 27 Abs. 1, 34 Abs. 1 GenG für den Vorstand eines genossenschaftlich organisierten Finanzinstituts.

Es obliegt der Geschäftsleitung eine generelle Überwachungs- und Sorgfaltspflicht, bei der gemäß §§ 76, 93 Abs. 1 AktG als Maßstab für ein rechtskonformes Verhalten gilt, wie sich ein ordentlicher und gewissenhafter selbstständiger Leiter eines nach Art und Größe gleichen oder ähnlichen Betriebes im gleichen Moment verhalten würde.[11] Aus diesem Grundsatz ist auch die Risikosteuerungspflicht zur Verhinderung von Wirtschaftsstraftaten und Vorwegnahme strafrechtlicher Risiken als Bestandteil der allgemeinen Leistungsaufgabe zu verstehen.

Um diesen Grundsätzen gerecht zu werden, muss die Geschäftsleitung permanent in der Lage sein zu beurteilen, welche Compliance-Maßnahmen rechtlich geboten und wirtschaftlich umsetzbar sind.[12] Konkretisiert werden diese Pflichten auch durch § 91 Abs. 2 AktG und den Deutschen Corporate Governance Kodex (DCGK).[13]

In § 91 Abs. 2 AktG wird der Vorstand einer Aktiengesellschaft ausdrücklich verpflichtet, ein Überwachungssystem als Frühwarnsystem für die „Gesellschaft gefährdende Entwicklungen" einzurichten, welche die Kontroll- und

10 Vgl. Bottmann, HK Kapitalmarktstrafrecht, Teil 3, Kap.1 Rn.6 mwN.

11 Vgl. Spindler, MüKo-AktG, § 93 Rn. 25.

12 Vgl. Stephan / Seidel, Hauschka, § 25 Rn. 18.

13 Vgl. Bottmann, HK Kapitalmarktstrafrecht, Teil 3, Kap.1 Rn.8.

Überwachungspflichten der §§ 76, 93 AktG konkretisieren.[14] Zwar kommt in dieser Vorschrift der Begriff einer Compliance-Organisation nicht wörtlich zur Anwendung, knüpft nach ihrem Sinn und Zweck aber eindeutig an eine solche an.[15] Bei gleicher Größe und Struktur ist diese Vorschrift nach herrschender Meinung auch auf die Geschäftsführer einer GmbH auszuweiten.[16]

Daneben ist § 25 a KWG und § 33 Abs. 1 Nr. 1 WpHG als Rechtsgrundlage für die Compliance-Organisation im Finanzsektor zu sehen. § 25 a KWG verlangt besondere Verhaltens- und Organisationsregeln für ein angemessenes und wirksames Risikomanagement, wobei gemäß Absatz 1 eine angemessene Geschäftsorganisation verlangt wird, die die Einhaltung der gesetzlichen Bestimmungen gewährleistet und in Absatz 1 Nummer 1 wird die Einrichtung eines internen Kontrollsystems verlangt. Zudem muss ein Wertpapierdienstleistungsunternehmen neben diesen Maßnahmen auch gemäß § 33 Abs. 1 Nr. 1 WpHG angemessene Grundsätze aufstellen, Mittel bereithalten und Verfahren einrichten, die in der Lage sind, sicherzustellen, dass sowohl das Wertpapierdienstleistungsunternehmen als auch die Mitarbeiter eines solchen Unternehmens den Verpflichtungen dieses Gesetzes entsprechend handeln. Dieser Detaillierungsgrad der Compliance-Anforderungen ist auf die MiFID[17] zurückzuführen, der sich u.a. in dem seit dem 1.11.2007 geltenden neuen § 33 WpHG wie zuvor dargestellt niederschlägt.

Neu hinzu gekommen ist AT 3 MaRisk Gesamtverantwortung der Geschäftsleitung aus dem Rundschreiben 10/2012 (BA) – Mindestanforderungen an das Risikomanagement (MaRisk), der besagt, dass alle Geschäftsleiter (gemäß § 1 Abs. 2 KWG) unabhängig von der internen Zuständigkeitsregelung, für die ordnungsgemäße Geschäftsorganisation und deren Weiterentwicklung verantwortlich sind. Hier wird deutlich, dass alle Geschäftsleiter ressortübergreifend in der Lage sein müssen, die Risiken angemessen zu beurteilen und die erforderlichen Maßnahmen zu ihrer Begrenzung zu treffen.

14 Vgl. Müller-Michaelis, Höltgers Aktiengesetz, § 91 Rn. 4.

15 Vgl. Bottmann, HK Kapitalmarktstrafrecht, Teil 3, Kap.1 Rn.8 mwN.

16 Vgl. Spindler, MüKo-AktG, § 91 Rn. 42.

17 Markets in Financial Instruments Direktive, Abl. EG Nr. 1 145 vom 30.4.2004, S. 1.

2.3.2 Anforderung an die Compliance-Funktion

Aus heutiger Sicht ergeben sich die bekannten und vor allem ausführlichsten Compliance-Anforderungen insbesondere aus dem Wertpapierhandelsgesetz (WpHG) und den in diesem Zusammenhang veröffentlichten Mindestanforderungen an die Compliance-Funktion (MaComp). Daher werden nachfolgend wesentliche Anforderungen und rechtliche Normierungen der bisher prägnantesten Compliance-Funktion, also der WpHG-Compliance-Funktion, vorgestellt, um ein besseres Verständnis für die Themenfelder zu schaffen, die für eine ganzheitliche Compliance-Funktion unabdingbar erscheinen.

Um die Anforderungen und die Aufgaben an eine Compliance-Funktion in einem erweiterten Anwendungsbereich entsprechend der MaRisk gerecht zu werden, ist es daher wichtig, **compliance-nahe Rechtsbereiche** wie

- die WpHG-Compliance-Funktion nach den MaComp,
- die Geldwäscheprävention/Zentrale Stelle nach GwG und § 25 c KWG,
- Corporate Compliance,
- Corporate Governance (u. a. AktG),
- IT-Compliance, und Tax Compliance

zu verstehen.

2.3.2.1 WpHG-Compliance-Funktion

Grundsätzlich lassen sich aus § 33 Abs. 1 S. 1 Nr. 1 WpHG und § 12 Abs. 3 Nr. 1 WpDVerOV drei Anforderungen an eine gesetzeskonforme Compliance-Organisation ableiten:

Dauerhaftigkeit, Wirksamkeit und Unabhängigkeit (BT 1.1 Tz.1 MaComp[18]).

18 Mindestanforderungen an die Compliance-Funktion für Wertpapierdienstleister, erstellt durch die BaFin in der Fassung vom 30.11.2012.

Unter **Dauerhaftigkeit** ist dabei eine Organisationsstruktur zu verstehen, die nicht nur im akuten Fall greift, sondern auch präventiv und beständig die Gesetzeskonformität von Wertpapierdienstleistungsunternehmen und Mitarbeitern sicherstellt. Bestandteile einer solchen dauerhaften Compliance-Organisation sind Organisationsverfügungen mit geeigneten Arbeitsanweisungen und ein risikobasierter Überwachungsplan, der regelmäßig zu aktualisieren ist.

Die zweite Anforderung an eine gesetzeskonforme Compliance-Organisation ist in § 33 Abs. 1 S. 2 Nr. 1 WpHG und § 12 Abs. 4 S. 2 WpDVerOV sehr explizit aufgeführt. So wird für eine wirksame Compliance-Funktion verlangt, dass die Compliance-Mitarbeiter über die für die ordnungsgemäße und unabhängige Erfüllung ihrer Aufgaben erforderlichen Fachkenntnisse verfügen und zuverlässig sind.[19] Diese Anforderungen werden ebenfalls in § 3 der Mitarbeiteranzeigenverordnung (WpHGMaAnzV) vom 21.12.2011 konkretisiert.

Die Anzahl der Mitarbeiter hängt nach BT 1.3.1 MaComp von der Art, Umfang, Komplexität und Risikogehalt der Geschäfte der Wertpapierdienstleistungsunternehmen ab, womit die BaFin den unterschiedlichen Strukturen und Geschäftsmodellen von Banken, Sparkassen und Finanzdienstleistungsunternehmen Rechnung trägt.[20]

Daneben ist wohl eine der wichtigsten Anforderungen die **Unabhängigkeit** der Compliance-Organisation, sowohl in fachlicher als auch in organisatorischer Hinsicht[21]. Im Sinne von BT 1.3.3 MaComp ist der Compliance-Beauftragte fachlich nur gegenüber der Geschäftsleitung weisungsgebunden. Weisungen durch Führungskräfte unterhalb der Vorstandsebene sind genauso unzulässig wie die Abgabe des Weisungsrechts durch den Vorstand an andere Fachbereiche.[22]

Die Unabhängigkeit der Compliance-Funktion wird insbesondere dadurch gesichert, dass Überstimmungen wesentlicher Bewertungen und Empfehlun-

19 Vgl. BT 1.3.1.4ff. MaComp, § 34 Abs. 3 WpHG i. V. m. § 4 WpHGMAnzV.

20 Vgl. Schäfer, HK Kapitalmarktstrafrecht, Teil 3, Kap.1 Rn.88.

21 Vgl. BT 1.3.3 MaComp.

22 Vgl. Bitter, Caspers et al. (2009), S. 210.

gen durch die Geschäftsleitung zu dokumentieren und in einem jährlichen Bericht aufzunehmen sind.[23]

Daneben ist es dem Compliance-Beauftragten gemäß § 12 Abs.4 S. 4 WpDVerOV verboten, an Wertpapierdienstleistungen beteiligt zu sein, die von ihm überwacht werden.

Die Stellung, Befugnis und Vergütung soll dem des Leiters der Revision, Risikocontrolling und der Rechtsabteilung ähnlich sein, um ein Agieren auf gleicher Ebene sicherzustellen und um eine Beeinträchtigung der Unvoreingenommenheit der Compliance-Mitarbeiter vorzugreifen (allerdings ist eine disziplinarische und organisatorische Unabhängigkeit gerade von der Innenrevision zu wahren).[24]

Die Aufgaben der Compliance-Organisation sind in § 33 WpHG und § 12 WpDVerOV festgelegt. Diese gesetzlichen Vorgaben sind durch die MaComp konkretisiert worden. Entsprechend der eingangs aufgezeigten Definitionen soll die Compliance-Organisation nach AT 6 Tz. 1 – 3 MaComp die zur Einhaltung der Vorschriften des WpHG getroffenen Maßnahmen überwachen (besonders §§ 31ff. WpHG) sowie prozessbezogen und präventiv handeln. Die Compliance-Organisation soll neben der Überwachung, Bewertung und Maßnahmenbeseitigung aber auch beratend tätig werden.[25]

Nach BT 1.2.1 MaComp konkretisiert sich die Überwachungsfunktion durch regelmäßige risikobasierte Überwachungshandlungen, die dafür sorgen, dass den eingerichteten Grundsätzen und Vorkehrungen und damit den Organisations- und Arbeitsanweisungen Folge geleistet wird. Ebenfalls hat die Compliance-Funktion die getroffenen Maßnahmen zu bewerten und klare Aussagen zur Gesetzeskonformität oder eventuellen Verstößen zu treffen. Bei vorhandenen Verstößen müssen notwendige Maßnahmen im Bereich der organisatorischen Vorkehrungen ermittelt und die Geschäftsleitung darüber

23 Vgl. BT 1.3.3 Tz. 2 MaComp.

24 Vgl. Schäfer, HK Kapitalmarktstrafrecht, Teil 3, Kap.1 Rn. 91ff.

25 Vgl. BT 1.2.3 MaComp.

informiert werden, die die geeigneten Maßnahmen zu ergreifen hat.[26] Allein in § 12 Abs.3 S. 2 WpDVerVOV wird der Compliance-Funktion eine eigene Anordnungskompetenz zugesprochen. So ist sie berechtigt, geeignete und erforderliche vorläufige Maßnahmen zu treffen, um eine konkrete Gefahr der Beeinträchtigung von Kundeninteressen bei der Erbringung von Wertpapierdienstleistungen oder Wertpapiernebendienstleistungen abzuwenden.[27]

Daneben enthält BT 1.2.4 Tz. 6 MaComp einen sehr aufschlussreichen, wenn auch nicht abschließenden Katalog von Aufgaben, bei denen die Compliance-Funktion einzubeziehen ist.

2.3.2.2 Geldwäscheprävention / Zentrale Stelle

Die Verhinderung und Bekämpfung der Geldwäsche ist ein wichtiger Bestandteil im Kampf gegen organisierte Kriminalität und Terrorismus und damit auch eine Kernaufgabe vieler Compliance-Organisationen.

Da insbesondere die Dienstleistungen von Kreditinstituten zum „Waschen" illegal erzielter Vermögenswerte genutzt werden, sind diese gesetzlich zur Abwehr von Geldwäsche durch spezielle Maßnahmen verpflichtet. Primäres Ziel ist es, Transaktionen mit kriminellem Hintergrund zu verhindern und dazu beizutragen, sie aufzudecken und zu bekämpfen. Auf diese Weise wird den Tätern die finanzielle Grundlage entzogen. So soll einerseits eine nachhaltige Schwächung der organisierten Kriminalität erfolgen und andererseits der Anreiz für derartige Tätigkeiten entfallen. Dies betrifft in besonderem Maße Vorgänge, die der Geldwäsche oder Terrorismusfinanzierung dienen, sowie betrügerische Handlungen zu Lasten der Institute. Anders als in der Vergangenheit, wo sich die Geldwäscheprävention nahezu ausschließlich gegen die organisierte Kriminalität gerichtet hat, ist mittlerweile auch der Einzeltäter in den Fokus gerückt, der Erlöse aus schweren Straftaten „waschen" möchte.

Die Risiken, die sich aus einem Missbrauch zu Zwecken der Geldwäsche ergeben, bestehen gleichermaßen auch bei Verwicklungen mit der Terrorismusfinan-

26 Vgl. BT 1.2.1.2 Tz. 8 MaComp.

27 Vgl. BR-Drucks. 101/11, S. 13.

zierung oder bei betrügerischen Handlungen und können gravierende Auswirkungen auf ein Kreditinstitut haben. Eine genaue Abgrenzung zwischen den einzelnen Teilbereichen ist hier oft nicht möglich bzw. zielführend. Daher kommt der Prävention dieser Delikte insgesamt eine besondere Bedeutung zu.

Zentrales Ziel ist es, auf risikoorientierter Basis für Transparenz in den Geschäftsbeziehungen und Finanztransaktionen zu sorgen. Hierzu gehört etwa die Einhaltung der sogenannten Kundensorgfaltspflichten.[28] Neben der Identifizierung des Vertragspartners und der Abklärung, ob der Vertragspartner für einen abweichenden wirtschaftlich Berechtigten handelt, ist auch die Abklärung des Hintergrunds der Geschäftsbeziehung (Zweck und angestrebte Art) sowie die kontinuierliche Überwachung der Geschäftsbeziehung erforderlich.[29] Diese Maßnahmen ermöglichen es, Geldflüsse nachzuvollziehen und ungewöhnliche oder gar verdächtige Transaktionen oder Geschäftsbeziehungen zu erkennen. Zudem liegt ein Schwerpunkt auf dem Erkennen von sogenannten „Politisch exponierten Personen“ (PEPs).[30]

Der Gesetzgeber hat die Prävention gegen Geldwäsche und Terrorismusfinanzierung, ergänzt um die Prävention gegen sonstige strafbare Handlungen mit der Novellierung des § 25c KWG im Jahr 2011 in das allgemeine Risikomanagement der Banken eingebunden. Neben einem erweiterten Pflichtenkatalog fordert der § 25c KWG zudem die Einrichtung einer Zentralen Stelle, in der u. a. die Funktion des Geldwäschebeauftragten und die Pflichten zur Verhinderung von Terrorismusfinanzierung und sonstiger strafbaren Handlungen gebündelt werden.[31] Die Zentrale Stelle wird in der Praxis regelmäßig einer Compliance-Funktion zugeordnet.

2.3.2.3 Corporate Compliance

Unter dem Begriff „Corporate Compliance“ wird die Gesamtheit der Maßnahmen verstanden, die das normgerechte Verhalten eines Unternehmens,

28 Vgl. hierzu weiterführend insbesondere die Unterscheidung in „Allgemeine Sorgfaltspflichten“ (§ 3 GwG) und „Verstärkte Sorgfaltspflichten“ (§ 6 GwG).

29 Vgl. § 3 Abs. 1 GwG.

30 Vgl. § 6 Abs. 2 GwG.

31 Vgl. § 25c Abs. 1 und 9 KWG.

seiner Leitungs- und Aufsichtsorgane und seiner Mitarbeiter sicherstellen soll. Corporate Compliance ist als Unternehmensorganisation zu verstehen, die präventiv und haftungsminimierend alle Maßnahmen umfasst, die das rechtmäßige, d. h. gesetzes- und satzungskonforme Verhalten des Unternehmens sicherstellen sollen.

Erweitert man das Verständnis von Compliance also um einen unternehmensweiten, ganzheitlichen und im Unternehmen verankerten Ansatz, so spricht man von Corporate Compliance. Das bezieht sich auf die Corporate Governance, das Risikomanagement und Compliance. Neben gesetzlichen Rahmenvorgaben sind dabei auch die Vorgaben gemäß Gesellschaftsvertrag bzw. Satzung ebenso wie unternehmensinterne Vorgaben wie beispielsweise interne Richtlinien und Dienstanweisungen zu beachten. Eine Corporate-Compliance-Funktion ist vom Ansatz und Grundausrichtung der MaRisk-Compliance-Funktion sehr ähnlich, auch wenn sich Corporate Compliance-Funktionen bislang eher an branchen- und produktspezifischen Risiken orientiert haben und nicht primär im Finanzsektor zu finden waren.

2.3.2.4 Corporate Governance

Wörtlich übersetzt bedeutet Corporate Governance „Unternehmensregierung“. Durch die Einhaltung der Corporate-Governance-Grundsätze soll eine gute und verantwortungsvolle Unternehmensführung und -kontrolle gewährleistet werden. Alle dafür erforderlichen Vorgaben werden im sogenannten Corporate-Governance-Kodex zusammengefasst.[32]

Dieser von der Regierungskommission[33] herausgegebene Kodex[34] stellt wesentliche gesetzliche Vorschriften zur Leitung und Überwachung deutscher börsennotierter Gesellschaften (Unternehmensführung) dar und enthält international und national anerkannte Standards guter und verantwortungsvoller

32 Gabler Wirtschaftslexikon, S. 612ff.

33 Die von der Bundesministerin für Justiz im September 2001 eingesetzte Regierungskommission hat am 26. Februar 2002 den ersten Deutschen Corporate Governance Kodex verabschiedet.

34 In der aktuellen Fassung vom 13. Mai 2013 online abrufbar unter www.corporate-governance-code.de.

Unternehmensführung.[35] Im Vordergrund steht bei der Corporate Governance die Aufteilung der Rechte und Pflichten in großen Unternehmen. Also eine Art Gewaltenteilung zwischen Vorstand, Aufsichtsrat und Aktionären in einer Aktiengesellschaft. Im Gegensatz zu Gesetzen kann ein solcher Kodex bei Bedarf aktualisiert und schnell den Begebenheiten angepasst werden. In Deutschland gibt es den Deutschen Corporate-Governance-Kodex (DCGK) für die gute Unternehmensführung in einer Aktiengesellschaft. Allerdings gibt es auch international anerkannte Grundsätze, wie z. B. die OECD Organisation for Economic Cooperation and Development-Principles on Corporate Governance.

Mit der Befolgung dieser nicht verbindlichen, aber als sinnvoll anerkannten Grundsätze, zeigt das jeweilige Unternehmen, dass es eine gute Unternehmensführung über das gesetzlich vorgegebene und zwingende Mindestmaß hinaus verfolgt. Die „verantwortungsvolle Unternehmenssteuerung" umfasst neben der Einhaltung von Gesetzen und Standards, die Sicherstellung einer transparenten Organisation und die Errichtung eines Risikomanagementsystems. Unter dem Begriff „Governance" wird dabei die Gesamtheit der Steuerungs- und Regelungssysteme eines Unternehmens verstanden, die der Leitung der strategischen Richtlinien und Regeln, nach denen ein Unternehmen handelt, dient. Wenn man unterstellt, dass eine Organisation ihre wirtschaftlichen Ziele unter Beachtung von Regeln und mit legitimen Mitteln verfolgt, dann findet „Governance" im Rahmen der „Compliance" statt.

2.3.2.5 IT-Compliance

Aufgrund der stetig wachsenden Anforderungen an die Geschäftsprozesse in Finanzinstituten und der zunehmenden Komplexität von einzelnen Geschäftsprozessen ist der Unternehmensalltag ohne den Einsatz effektiver IT-Systeme nicht mehr vorstellbar. Gerade vor diesem Hintergrund ist eine Compliance-Funktion nur wirksam, wenn eine umfassende IT-Compliance-Funktion eingerichtet ist.

IT-Compliance bedeutet die Einhaltung und Umsetzung von regulatorischen Anforderungen um einen verantwortungsvollen Umgang mit allen Aspekten

35 Vgl. hierzu die Präambel des Deutschen Corporate Governance Kodex 2013.

der Informationstechnik (IT) zu gewährleisten. Unter diese Rubrik fällt damit auch der Begriff IT-Governance. Hierunter sind alle Maßnahmen zur Organisation, Steuerung und Kontrolle der IT-Systeme eines Finanzinstitutes zu verstehen.

Damit ist der Begriff Compliance untrennbar mit Corporate Governance, IT-Compliance und IT-Governance verbunden. Zu den Aufgaben einer IT-Compliance zählen die Abstimmung der IT mit der Unternehmensstrategie und den Geschäftszielen sowie eine operative Steuerung des Betriebes von Anwendungssystemen und der dafür erforderliche Aufbau von präventiven Maßnahmen. Der Schwerpunkt liegt dabei in der Anpassung der IT an die aktuellen und zukünftigen rechtlichen und unternehmenseigenen Anforderungen, sowie die Erkennung und Nutzung der IT-bezogenen Wettbewerbsvorteile.

2.3.2.6 Tax Compliance

Unter dem Begriff Tax Compliance ist die Einhaltung aller steuerlichen und steuerstrafrechtlichen Regelungen, die für das Unternehmen gelten, zu verstehen. Tax Compliance ist somit ein weiterer Teilbereich des Compliance-Management-Systems eines Finanzinstituts. Zu beachten sind die Steuergesetze, die Einhaltung der Steuerpflichten und die Erfüllung von Aufforderungen der Finanzverwaltung. Die Einhaltung dieser Vorgaben ist ohne Ausnahme durch entsprechende Prozesse und Systeme sicherzustellen. Tax Compliance erfordert damit neben der Wertentscheidung zur Einhaltung der für das Finanzinstitut geltenden Vorschriften auch die Einführung einer entsprechenden Organisationsstruktur, die in komplexen Strukturen die materiell geforderte Gesetzestreue sicherstellen kann.

Unter Tax Compliance fallen nach herrschender Meinung neben der Kontrolle sämtlicher Steuern und Abgaben auch alle steuerlichen Nebenleistungen wie Verzögerungsgelder, Verspätungszuschläge, Zinsen, Kostenzuschläge und Zwangszuschläge oder Zwangsgelder sowie letztendlich auch die Einhaltung zollrechtlicher Vorschriften.

Aktuell ist in diesem Zusammenhang der Foreign Account Tax Compliance Act (FATCA) zu beachten, der am 18. März 2010 in Kraft trat und in seinen wichtigsten Ausprägungen voraussichtlich ab 2014 von den Banken angewendet werden soll.[36] FATCA wurde mit dem Ziel verabschiedet, Steuerhinterziehung von US-Steuerpflichtigen (sogenannte US-Personen), die Anlagen außerhalb der USA tätigen, nachhaltig zu verhindern und fordert hierzu umfangreiche steuerlich relevante Informationen, die weit über die bestehenden Qualified Intermediary (QI) Bestimmungen hinausgehen. Diese US-Regulierung tritt neben das QI-Regime und wirkt sich massiv auf die gesamte (deutsche) Finanzdienstleistungsindustrie aus. Die möglichen Auswirkungen erreichen dabei z. B. auch operative Kernprozesse (z. B. Kundenannahmeprozesse), Zahlungsströme sowie die IT-Systeme betroffener Kreditinstitute.

Im Juli 2012 wurde bekanntgegeben, FATCA teilweise auf Basis bilateraler zwischenstaatlicher Vereinbarungen umzusetzen. Das zwischenstaatliche Abkommen zwischen Deutschland und den USA, das im Wesentlichen auf ein durch die beteiligten Länder entwickeltes Musterabkommen basiert, wurde am 31. Mai 2013 unterzeichnet und auf der Webseite des Bundesfinanzministeriums veröffentlicht.[37]

Der Bundesrat hat dem vom Bundestag am 27. Juni 2013 verabschiedeten Gesetz zur Ratifizierung des Abkommens zur Umsetzung von FATCA in Deutschland am 5. Juli 2013 zugestimmt.

2.3.2.7 Compliance und MaRisk

MaRisk steht für Mindestanforderungen an das Risikomanagement, welche in Verwaltungsanweisungen mit einem Rundschreiben der BaFin für die Ausgestaltung des Risikomanagements in deutschen Kreditinstituten veröffentlicht wurden. Die erste Fassung wurde mit Rundschreiben 18/2005 vom 20.12.2005 veröffentlicht.

36 Dies entspricht dem Sachstand von Juli 2013. Der Internal Revenue Service (IRS) hat in einer Mitteilung am 12. Juli 2013 (Notice 2013-43) eine erneute Verschiebung der erstmaligen Anwendung der FATCA-Regelungen um sechs Monate auf den 1. Juli 2014 verschoben.

37 Abrufbar online unter www.bundesfinanzministerium.de.

Im Kern stellt die MaRisk eine verbindliche Auslegung des § 25a KWG dar und regelt die Umsetzung der bankaufsichtsrechtlichen Überprüfungsprozesse für die in Basel II geregelten Eigenkapitalvorschriften in deutsches Recht. Ziel ist es, der Aufsichtsbehörde eine widerspruchsfreie Anwendung gegenüber den Finanzinstituten bzw. Versicherungen zu ermöglichen, um Rechts- und Planungssicherheit zu schaffen.

Grundsätzlich wird die Einhaltung der MaRisk von Wirtschaftsprüfern im Rahmen der Jahresabschlussprüfung geprüft. Unter Umständen können auch Sonderprüfungen gemäß § 44 Abs. 1 KWG von Prüfern der Bundesbank vorgenommen werden.

Am 14. Dezember 2012 hat die BaFin durch das Rundschreiben 10/2012 (BA) eine Neufassung der MaRisk vorgelegt.

Der Grund waren zahlreiche weitere Entwicklungen in der Bankenregulierung wie zum Beispiel die Überarbeitung der EU-Bankenrichtlinie, die in erster Linie dazu dient, das neue Baseler Rahmenwerk zur Bankenregulierung, Basel III, in europäisches Recht zu überführen. Dazu sind am 28. Juni 2013 eine Verordnung (Capital Requirements Regulation – CRR) und am 17 Juli 2013 eine Richtlinie (Capital Requirements Directive – CRD IV), in Kraft getreten, um die neuen weltweiten Bankkapitalstandards (Basel III) in EU-Recht umzusetzen. Sie sind ab dem 1. Januar 2014 anzuwenden.[38]

Die neuen MaRisk stärken infolgedessen sowohl die Compliance-Funktion als auch die Funktion des Risikomanagements. Insbesondere sind in den neuen MaRisk neue Anforderungen an die Compliance-Funktion gestellt worden. Zusammengefasst wird festgehalten, dass die Compliance-Funktion beratende und koordinierende Funktion ausübt und darauf zu achten hat, dass die Geschäftsbereiche ihrer Verantwortung nachkommen und das Institut gesetzeskonform handelt. Mit der Vorbemerkung zu dem Rundschreiben 10/2012 (BA) Mindestanforderungen an das Risikomanagement – MaRisk stellt die BaFin noch einmal klar, dass nicht alle Rechtsbereiche durch eine MaRisk-Compliance-Funktion ge-

38 Bis dahin sind die Richtlinien 2006/48 und 49 anwendbares Recht.

prüft werden müssen, sondern weiterhin nur solche Bereiche, die unter Compliance-Gesichtspunkten mit besonderen Risiken behaftet sind. Hierzu gehören aus Sicht der BaFin die Bereiche Wertpapierdienstleistungen, Geldwäsche, Verhinderung (interner und externer) doloser Handlungen, Datenschutz und allgemeiner Verbraucherschutz (z. B. bei Kreditgeschäften). Darüber hinaus müssen die Institute selbstständig prüfen, in welchen Bereichen weitere wesentliche Compliance-Risiken existieren, die zu überwachen sind.

Die BaFin erklärt weiter, dass es aus Institutssicht sinnvoll wäre zu prüfen, inwieweit das erweiterte Compliance-Spektrum in die schon vorhandenen Organisationsstrukturen eingefasst werden kann. Die MaRisk mache dazu keine Vorgaben.

Es soll weiterhin möglich sein, die Compliance-Funktion zentral oder dezentral, also nach Rechtsbereichen getrennt, aufzustellen. Auch eine Anbindung an andere Kontrolleinheiten wie beispielsweise das Risikocontrolling ist im Grundsatz möglich. In diesen Fällen müssen allerdings spezielle Compliance-Vorgaben wie organisatorische Anbindung des Compliance-Beauftragten und direkte Berichtspflichten beachtet werden.

Im Einzelnen geht die MaRisk in sieben Punkten konkret auf die Compliance-Funktion ein. Durch diese Einbettung der Compliance-Anforderungen in die MaRisk wird die Bedeutung der Compliance-Funktion im Rahmen des Risikomanagements unterstrichen. Hier sollte jedoch Beachtung finden, dass die MaRisk nicht so ausführlich das „Wie" der Umsetzung beschreibt wie die MaComp. Im Einzelnen werden folgende Punkte geregelt:

AT 4.4.2 Tz. 1 MaRisk legt allgemein fest, dass eine Compliance-Funktion vorhanden sein muss, welche präventive Maßnahmen und Kontrollen zur Einhaltung der „wesentlichen rechtlichen Regelungen und Vorgaben" sicherstellen soll und, dass sie die Geschäftsleitung hinsichtlich der Einhaltung dieser rechtlichen Regelungen und Vorgaben unterstützen und beraten soll.

AT 4.4.2 Tz. 2 MaRisk besagt, dass die Compliance-Funktion regelmäßig die wesentlichen, das Vermögen des Instituts gefährdenden, rechtlichen Regelungen und Vorgaben unter Berücksichtigung von Risikogesichtspunkten zu prüfen hat, was ähnlich zu den Angaben in BT 1.2.1 Tz. 2 MaComp ist. Nähere Angaben, um welche Risiken es sich konkret handelt, werden in den MaRisk nicht getroffen.

AT 4.4.2 Tz. 3 MaRisk stellt ähnlich wie in BT 1.1 Tz. 2 u. 3 MaComp fest, dass die Compliance-Funktion unmittelbar der Geschäftsleitung unterstellt und berichtspflichtig ist. Die Compliance-Funktion kann an andere Kontrolleinheiten angebunden werden und auf andere Funktionen und Stellen zurückgreifen.

AT 4.4.2 Tz. 4, Tz. 7 MaRisk verlangt von dem Institut genau wie BT 1.1 Tz. 3 MaComp einen verantwortlichen Compliance-Beauftragten zu benennen, der unter Umständen auch ein Mitglied der Geschäftsleitung sein kann. Nach AT 4.4.2 Tz. 4, Tz. 7 MaRisk ist bei einem Wechsel das Aufsichtsorgan zu informieren.

AT 4.4.2 Tz. 5 MaRisk stellt ähnlich wie BT 1.3.1.2 Tz. 1 MaComp den Informationsbedarf der Compliance-Funktion sicher. Die Mitarbeiter sollen ausreichende Befugnisse und einen uneingeschränkten Zugang zu allen wichtigen Informationen haben. Daneben sollen auch relevante Weisungen und Beschlüsse der Geschäftsleitung und wesentliche Änderungen der Regelungen, die die Einhaltung der wesentlichen rechtlichen Regelungen und Vorgaben gewährleisten sollen, bekannt gegeben werden.

AT 4.4.2 Tz.6 MaRisk verlangt wie BT 1.2.2 MaComp die jährliche sowie anlassbezogene Berichterstattung der Compliance-Funktion an die Geschäftsleitung. Inhalt soll nach den MaRisk die Angemessenheit und Wirksamkeit der getroffenen Regelungen und Angaben zu möglichen Defiziten sowie zu Maßnahmen für deren Behebung sein. Diese Berichte sind auch an das Aufsichtsorgan und die Interne Revision weiterzuleiten.

Darüber hinaus fordern die MaRisk die Einbindung der MaRisk-Compliance-Funktion in Neu-Produkt-Prozesse **(AT 8.1 MaRisk)** und die Beteiligung bei signifikanten Änderungen betrieblicher Prozesse oder Strukturen **(AT 8.2 MaRisk)**.

3 Konzipieren

Es stellt sich nun die Frage, was die neuen Anforderungen der MaRisk an die Compliance-Funktion konkret bedeuten, d.h. wie können die Institute eine Umsetzung vorbereiten, welche Strukturen, Prozesse und Modelle können hierfür bereits genutzt werden? Welche Synergien ergeben sich und wie ist strukturiert und zielführend vorzugehen? Welche Sachverhalte sind zu beachten und welche Überlegungen sind für andere Tätigkeiten notwendig?

Keywords: Vorüberlegung, Methodik, Normenerhebung, Compliance-Konzept, Konzipieren, Risikoanalyse

3.1 Vorüberlegungen MaRisk-Compliance-Funktion

Es ist festzuhalten, dass alle Kreditinstitute vor der Herausforderung stehen, die Anforderungen der MaRisk, welche für jedes Institut zunächst identisch sind, institutsspezifisch umzusetzen. Das erste zu lösende Problem ist, dass jede Organisation heterogen aufgebaut ist und das es keine „Standard-Bank" gibt. Hinzu kommt die Tatsache, dass die Anforderungen der MaRisk in historisch gewachsene Strukturen und gelebte Prozesse eingreifen. Bisher war eine Aufbauorganisation eines Finanzinstitutes relativ klar definiert und abgegrenzt. Beispielsweise haben Fachbereiche wie Controlling, Recht und Interne Revision klare sich voneinander abgrenzende Aufgaben. Diese Funktionen haben sich seit Jahren in Finanzinstituten etabliert. Potenzielle Überschneidungen sind regelmäßig durch klare Definition von Verantwortlichkeiten und Zuständigkeiten geregelt.

Auch eine WpHG-Compliance-Funktion hat sich mittlerweile mit Unterstützung der MaComp in den meisten Instituten etablieren können. Da bislang ein Regelwerk wie die MaComp, die konkrete aufbau- und ablauforganisatorische Vorgaben macht, für die Compliance-Funktion nach MaRisk nicht existiert, bedarf es intensiver Vorüberlegungen und damit verbunden zunächst einer konzeptionellen Phase, um mit der Einrichtung und Ausgestaltung einer neuen „MaRisk-Compliance-Funktion“ zu beginnen.

Zu Beginn sollte eine Art „Quick-Check“ durchgeführt werden. Dieser soll in der Phase der Konzeption helfen, die notwendigen Vorbereitungen zu veranlassen und diese dann entsprechend der Vorüberlegungen zu implementieren.

Dieser, wie eine Checkliste aufgebaute Quick-Check, verweist zu jedem einzelnen Punkt auf zahlreiche Kapitel des Abschnitts „Konzipieren“, in dem man weitere detaillierte Hilfestellungen in Form von möglichen Umsetzungsüberlegungen, Modellen, Strukturen und Prozessen findet.

3.2 Quick-Check MaRisk-Umsetzung

Tabelle 1: Barwertänderungen unter Ratings

Sachverhalt (siehe Kapitel 3.3)	erledigt
Fertiges Konzept für den Umfang der relevanten Normen liegt vor.	☐
Organisatorische Einrichtung der Compliance-Funktion liegt vor.	☐
Notwendige Compliance-Kultur ist im Haus vorhanden.	☐
Das „Compliance-Risiko“ wurde intern klar definiert und von anderen Risikoarten abgegrenzt.	☐
Die Aufgabenbestimmung der MaRisk-Compliance-Funktion ist klar definiert.	☐
Eine Aufstellung aller relevanter Normen für das Institut inklusive einer Prozessbeschreibung liegt vor (Legal-Inventory).	☐
Das Modell der drei Verteidigungslinien wurde vollumfänglich für das ganze Haus implementiert.	☐
Ein Risikomodell als Grundlage für die Bewertung der Risiken liegt vor.	☐
Die Bewertung der „Compliance-Risiken“ liegt vor (Risikoanalyse).	☐

Sachverhalt (siehe Kapitel 3.3)	erledigt
Prozess- und IKS-Aufnahme liegen vor.	☐
Das Prinzip „Tone at the top“ ist mir bekannt und wurde durchgehend implementiert.	☐
Eine notwendige klare Abgrenzung von Compliance zu anderen relevanten Bereichen wurde durchgeführt.	☐
Das Berichtswesen ist klar und strukturiert implementiert.	☐
Ein Kontroll- und Überwachungsplan liegt für die Compliance-Funktion vor.	☐

3.3 Aufbau MaRisk-Compliance-Funktion

Im Folgenden wird aufgezeigt, wie eine MaRisk-Compliance-Funktion eingerichtet bzw. ausgebaut werden kann.

3.3.1 Umfang der zu betrachtenden Regularien

Schwerpunkt und größte Herausforderung für die Konzeptionierung des Risikomodells und Etablierung einer langfristig funktionierenden MaRisk-Compliance-Funktion dürfte die Festlegung und Bestimmung des Umfanges der zu erhebenden rechtlichen Regelungen und Vorgaben sein. Entscheidendes Kriterium soll die sogenannte institutsspezifische Wesentlichkeit der rechtlichen Regelungen und Vorgaben sein. Bislang sind der Begriff der Wesentlichkeit und der Umfang der Regelungen und Vorgaben, denen sich die MaRisk-Compliance-Funktion im Rahmen ihrer Tätigkeit „nähern“ muss, eines der kontrovers diskutiertesten Themenfelder.

In AT 4.4.2 Tz. 1 S. 1 der MaRisk heißt es zunächst:

„Jedes Institut muss über eine Compliance-Funktion verfügen, um den Risiken, die sich aus der Nichteinhaltung rechtlicher Regelungen und Vorgaben ergeben können, entgegenzuwirken.“

Dem Wortlaut nach muss hier zunächst von einer weiten Auslegung ausgegangen werden, was zur Folge hat, dass die MaRisk-Compliance-Funktion tätig werden muss, sobald sie Kenntnis erlangt, dass gegen rechtliche Regelungen und Vorgaben verstoßen wird / wurde. Hier wird der MaRisk-Compliance-Funktion eine proaktive Präventionstätigkeit auferlegt, was sich eindeutig aus dem Begriff „entgegenwirken" ableiten lässt. Ebenfalls wird der Begriff „rechtliche Regelungen und Vorgaben" nicht beschränkt. Entscheidend dürfte aber hier das Korrektiv der Nichteinhaltung und der Kenntniserlangung sein, denn Ziel der Regelung ist es nicht, der MaRisk-Compliance-Funktion eine Allzuständigkeit für sämtliche Rechtsrisiken institutsweit aufzuerlegen, sondern dem Institut lediglich eine Handlungsverpflichtung bei Bekanntwerden von Verstößen aufzuerlegen.

Im Weiteren heißt es in AT 4.4.2 Tz. 1 S. 2 und Tz. 2 S. 1:

„Die Compliance-Funktion hat auf die Implementierung wirksamer Verfahren zur Einhaltung der für das Institut wesentlichen rechtlichen Regelungen und Vorgaben und entsprechender Kontrollen hinzuwirken.

Die Identifizierung der wesentlichen rechtlichen Regelungen und Vorgaben, deren Nichteinhaltung zu einer Gefährdung des Vermögens des Instituts führen kann, erfolgt unter Berücksichtigung von Risikogesichtspunkten in regelmäßigen Abständen durch die Compliance-Funktion."

Hier wird zum ersten Mal der Begriff der Wesentlichkeit von Regelungen und Vorgaben aufgenommen. Entscheidend ist, dass der MaRisk-Compliance-Funktion eine Kontrollfunktion und eine Erhebungsfunktion (Identifikationsfunktion) auferlegt werden. Diese neuen Aufgaben sind weniger durch eine Handlungsverpflichtung, sondern vielmehr durch einen risikobasierten und institutsspezifischen Ansatz zu erfüllen. Da sich aus AT 4.4.2 Tz. 1 S. 3 der MaRisk eine umfassende Unterstützungs- und Beratungsfunktion gegenüber der Geschäftsleitung ergibt, die sich wiederum auf sämtliche Rechtsrisiken institutsweit erstrecken dürfte, ist eine initiale Vollerhebung sämtlicher rechtlicher Regelungen und Vorgaben zu empfehlen, um anschließend individuell auf entsprechende Risikoindikationen und Gaps institutsweit reagieren zu können. Ebenfalls dürfte es für viele Institute von großer Bedeutung sein, eine Übersicht und Grundgesamtheit aller rechtlichen Regelungen und Vorgaben vorzuhalten, die für ein Institut relevant werden können. Auch dürfte diese Grundgesamtheit bislang in den meisten Instituten noch nicht verfügbar sein und somit einen großen Mehrwert schaffen.

Da eine Vollerhebung bislang von den Bankenverbänden und der BaFin noch nicht abschließend kommentiert wurde, werden aufgrund des aktuellen Diskussionsstands zum Umfang der zu betrachtenden Regelungen und Vorgaben mehrere Lösungsansätze vorgestellt.

3.3.1.1 Vollerhebung

Bei der Vollerhebung aller Regelungen und Vorgaben handelt es sich zunächst um den ersten Schritt einer **dreiteiligen Methodik**, die sich aufgliedert in eine

- initiale Vollerhebung aller Regelungen und Normen,
- Normenevidenzerhebung (z. B. durch Filterfunktionen),
- Risikoanalyse (Risk Assessment auf wesentliche Regelungen und Vorgaben).

Nach einer initialen Vollerhebung sollte als primäres Zwischenergebnis eine Normenevidenzerhebung durchgeführt werden, um eine Grundgesamtheit der Regelungen und Vorgaben zu definieren und den Rahmen für eine nachfolgende detailtiefe Risikoanalyse festzulegen.

Für die Vollerhebung spricht bereits die Aufnahme einer o. g. Grundgesamtheit sämtlicher Regelungen und Vorgaben. Darüber hinaus lässt sich der Umfang der im Ergebnis tatsächlich zu betrachtenden Normen nach der Erhebung durch das Korrektiv der Normenevidenzerhebung und einer sinnvollen Aggregation innerhalb der Risikoanalyse erheblich minimieren.[39]

39 Vgl. auch Kapitel 3.3.6, S. 54 und 3.3.9, S. 69.

3.3.1.2 Teilerhebung

Die Durchführung einer Risikoanalyse auf Grundlage einer „Teilerhebung“ und Identifikation von wesentlichen Regelungen und Vorgaben erscheint nach dem derzeitigen Diskussionsstand ebenfalls möglich, solange die Bestimmung bzw. Festlegung des Umfanges vollständig und nachvollziehbar begründet wird. In diesem Zusammenhang werden unterschiedliche Begründungen und Argumente aufgeführt, die insbesondere dem Ansatz des angemessenen Aufwandes und Effizienz folgen. In dem Anschreiben an die Verbände zur Veröffentlichung der neuen MaRisk-Novelle vom 14.12.2012 hat die BaFin eine grobe Eingrenzung von Rechtsbereichen vorgenommen. Genannt werden die **Rechtsbereiche**:

- Wertpapierdienstleistungen (WpHG),
- Geldwäsche und Terrorismusfinanzierung,
- allgemeine Verbraucherschutzvorgaben (Kreditwesen),
- Datenschutzvorgaben,
- Verhinderung doloser Handlungen zu Lasten des Instituts,
- (Ggf. weitere rechtliche Regelungen und Vorgaben, soweit als wesentlich eingestuft).

Diese Eingrenzung dürfte vorerst durchaus als Begründung ausreichen, um sich auf die im o. g. Anschreiben an die Verbände genannten Rechtsbereiche zu beschränken.

3.3.1.3 Empfehlung

Wir halten u. a. vor dem Hintergrund des Wortlautes der MaRisk (s. o.)[40] eine initiale Vollerhebung sämtlicher Regelungen und Vorgaben für erforderlich, damit die MaRisk-Compliance-Funktion ihrer Unterstützungs-, Kontroll- und Berichtsfunktion nachkommen kann. Ebenfalls liefern die Ausführungen

40 AT 4.4.2 Tz. 1 S. 2 u. Tz. 2 S. 1 MaRisk.

der BaFin[41] zur MaRisk-Compliance-Funktion noch keine prüfungssicheren Begründungen für die Beschränkung der zu erhebenden Regelungen und Vorgaben. Die Eingrenzung auf Verbraucherschutzvorgaben ist nicht konkretisiert worden, da man erst nach einer Vollerhebung der jeweiligen Regelungen eine mittelbare oder unmittelbare verbraucherschützende Wirkung erkennen kann. Die Frage bleibt, ob eine mittelbare Wirkung überhaupt noch erfasst ist. Das Thema Datenschutzvorgaben ist bislang unkommentiert geblieben. Wir halten hier allerdings eine Verzahnung mit dem Datenschutzbeauftragten für notwendig, um eine gemeinsame Vollerhebung durchzuführen. Zum Thema sonstige Regelungen und Vorgaben hat die BaFin folgende Ausführungen gemacht:

„Wesentliche rechtliche Regelungen und Vorgaben, die im Zusammenhang mit der Compliance-Funktion relevant sind, können als solche angesehen werden, denen ein wesentliches Compliance-Risiko anhaftet.“[42]

Unseres Erachtens liegt genau darin der Widerspruch bzw. die Begründung dafür, die Vollerhebung zu präferieren, da eine fundierte Aussage über das einer Norm anhaftende Compliance-Risiko erst nach einer Erhebung und einer anschließenden Risikoanalyse getroffen werden kann.

Auch den Ansatz, sämtliche Rechtsrisiken, die von anderen Organisationseinheiten „bearbeitet“ werden, müssten nicht erhoben werden, halten wir für nicht empfehlenswert, da gerade dann, wenn die MaRisk-Compliance-Funktion ausschließlich auf die Angaben der jeweils verantwortlichen Organisationseinheiten angewiesen ist, das Risiko der Nichterkennung von wesentlichen Compliance-Risiken nicht objektiv einschätzbar wäre.

Aufgrund der Normenevidenzerhebung (Filterfunktion über Aufgriffsgrenzen) und der Aggregationsmöglichkeiten innerhalb der Risikoanalyse (Zusammenfassung von Regelungen und Vorgaben auf Prozessebene/Aktivitäten)

41 Vgl. hierzu insbesondere das Anschreiben der BaFin an die Verbände zur Veröffentlichung der MaRisk-Novelle vom 14.12.2012 und das BaFin Journal 03/2013, S.17f.

42 Anschreiben der BaFin an die Verbände zur Veröffentlichung der MaRisk-Novelle vom 14.12.2012.

kann der Aufwand nach einer initialen Vollerhebung eingegrenzt werden und für institutsspezifische Besonderheiten können so regelmäßig prüfungssichere Begründungen geliefert werden.[43]

3.3.2 Organisatorische Einrichtung (Compliance-Beauftragter)

Bei der Einrichtung und Ausgestaltung der MaRisk-Compliance-Funktion wird es institutsindividuelle Organisationsgestaltungen geben, so dass zunächst auf die Kernelemente einer MaRisk-Compliance-Funktion eingegangen wird, die Grundvoraussetzungen für die Funktionsfähigkeit dieser Organisationseinheit sind. Im Weiteren werden einige aufbauorganisatorische Lösungsmodelle vorgestellt, die sich in der praktischen Folgeumsetzung herausbilden werden.

Die Geschäftsleitung trägt weiterhin die Gesamtverantwortung für die MaRisk-Compliance-Funktion. Alle Geschäftsleiter nach § 1 Abs. 2 KWG sind, unabhängig von der internen Zuständigkeitsregelung im Institut oder im Konzern, für die ordnungsgemäße Geschäftsorganisation und deren Weiterentwicklung verantwortlich. Diese Verantwortung erstreckt sich auch auf ausgelagerte Aktivitäten und Prozesse und besteht bei einer Delegation von Aufgaben fort. Die MaRisk-Compliance-Aufgaben sollen idealerweise unter der Leitung des MaRisk-Compliance-Beauftragten, welcher unmittelbar dem Vorstand fachlich und disziplinarisch unterstellt und ihm gegenüber weisungsgebunden ist, durch eine Organisationseinheit unabhängig wahrgenommen werden. Der Leiter der Organisationseinheit sollte als MaRisk-Compliance-Beauftragter benannt und der Aufsicht gemeldet werden.

Eine Anbindung an andere Organisationseinheiten eines Instituts ist grundsätzlich möglich, solange eine unabhängige Funktionswahrnehmung gewährleistet bleibt. Je nach Strukturorganisation bietet es sich an, die MaRisk-Compliance-Funktion innerhalb einer risikonahen Organisationseinheit zu platzieren. In Betracht kommen auch eine Anbindung an Organisationseinheiten wie Risikocontrolling, Recht oder Stabsstellen.

---

43 Vgl. hierzu die Ausführungen in den Kapiteln 3.3.6, S. 54 und 3.3.9, S. 69.

Zur Förderung eines höchstmöglichen Informationsstands sollte bezüglich aufsichts- und ggf. (zivil-)rechtlicher Anforderungen, idealerweise bereits vor deren Inkrafttreten (EU-Verordnungen, WpHG, Verlautbarungen der BaFin, BGH-Rechtsprechung) eine entsprechende Servicefunktion eingerichtet sein, welche entweder innerhalb der Organisationseinheit angesiedelt ist oder eine direkte Reporting-Funktion gegenüber der MaRisk-Compliance-Funktion wahrnimmt. Nur so kann die MaRisk-Compliance-Funktion einen umfassenden Beratungsansatz gegenüber der Geschäftsleitung, den Markt- und Fachbereichen sowie der Compliance-Funktion selbst ausfüllen. Weiterhin ist eine Anbindung bzw. enge Zusammenarbeit zu den identifizierten MaRisk-compliance-relevanten Organisationseinheiten unumgänglich.

Auch an dieser Stelle soll erneut darauf hingewiesen werden, dass unabhängig von der Gesamtverantwortung der Geschäftsleitung weiterhin jeder Fachbereich in seinem Zuständigkeits- und Aufgabenbereich die Verantwortung für MaRisk-Compliance, also die Einhaltung von Gesetzen, aufsichtsrechtlichen Vorgaben und internen Richtlinien, trägt. Die Geschäfts- und Fachbereiche bleiben weiterhin dafür verantwortlich angemessene Mechanismen und Systeme zu implementieren, um ihrer Verantwortung nachzukommen und die Risiken in den von ihnen verantworteten Bereichen und Prozessen zu steuern.[44]

3.3.2.1 Eingliederung in originäre Compliance-Funktion

Die MaRisk-Compliance-Funktion kann in die bereits vorhandene Compliance-Organisation, soweit eine solche bereits strukturell eingerichtet ist, eingegliedert werden. Voraussetzung ist, dass die Compliance-Funktion bereits für originäre Compliance-Themen wie u. a. WpHG-Compliance, Zentrale Stelle/GwG, IT-Compliance etc. zuständig bzw. organisatorisch verantwortlich ist. Ist das der Fall, kommen insbesondere zwei Alternativen in Betracht.

Alternative 1:

Die MaRisk-Compliance-Funktion wird als neue Einheit neben die bestehenden Einheiten platziert. Ihr werden als eigenständige Einheit (Abteilungs-/Teamstruktur) eigene Kernaufgaben und Verantwortlichkeiten zugewiesen.

44 Sog. 1st-Line Verantwortung der Fachbereiche.

Alternative 2:
Ebenfalls kann die MaRisk-Compliance-Funktion auch als Rahmeneinheit installiert werden, die originäre Kernaufgaben übernimmt, aber auch als Service-Funktion z. B. mit den Schwerpunkten Reporting und Kommunikation für andere Compliance-Einheiten fungiert.

Wir empfehlen die zweite Alternative, da eine Rahmenfunktion die Möglichkeit bietet, sämtliche Rechts- und Compliance-Risiken global zu bewerten und die organisationsinterne Abarbeitung zu koordinieren bzw. sicherzustellen.

Abbildung 1: Aufbauorganisation

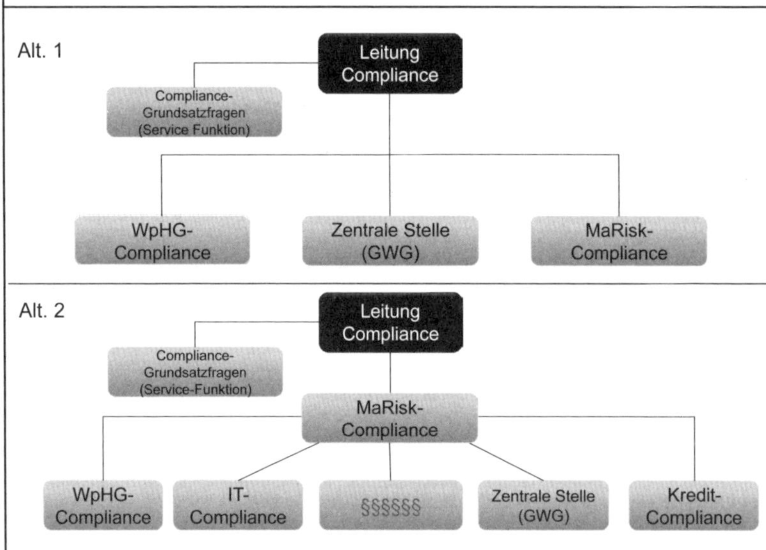

Quelle: Eigene Darstellung.

3.3.2.2 Komitee-Organisation

Es besteht auch die Option einer organisatorischen Implementierung einer Komitee-Organisation. Darunter versteht man ein periodisches Austauschmedium der Leiter betroffener Organisationseinheiten zu MaRisk-compliance-relevanten Themen und Entwicklungen.

Kernelemente wären die entsprechende Einhaltung von rechtlichen Vorgaben durch die Kenntniserlangung und dem unmittelbaren „Transportieren" von gesetzlichen Neuerungen/Änderungen innerhalb eines Instituts. Ziel sollte der Aufbau eines Austauschgremiums und Informationssystems für rechtliche Themen mit einem hohen Haftungs- und Compliance-Risiko sein. Folgende **Kernaufgaben** sollte das Komitee übernehmen:

- Abgleich mit Gesamtrechtslandschaft des Instituts und ggf. der Tochtergesellschaften,
- Weitergabe identifizierter Handlungsfelder,
- Förderung von Kommunikationsmultiplikation,
- Impulse hinsichtlich neuer rechtlicher Rahmenbedingungen,
- Interventionsrechte und Entscheidungskompetenzen.

Gegen eine Komitee-Organisation spricht u. a. der große organisatorische Aufwand bei der Koordinierung von Meetings sowie die längere Dauer für relevante Entscheidungsfindungen im Compliance-Kontext. Darüber hinaus sind einstweilige Entscheidungen außerhalb eines Komitee-Beschlusses schwerer durchzusetzen.

Abbildung 2: Komitee-Organisation

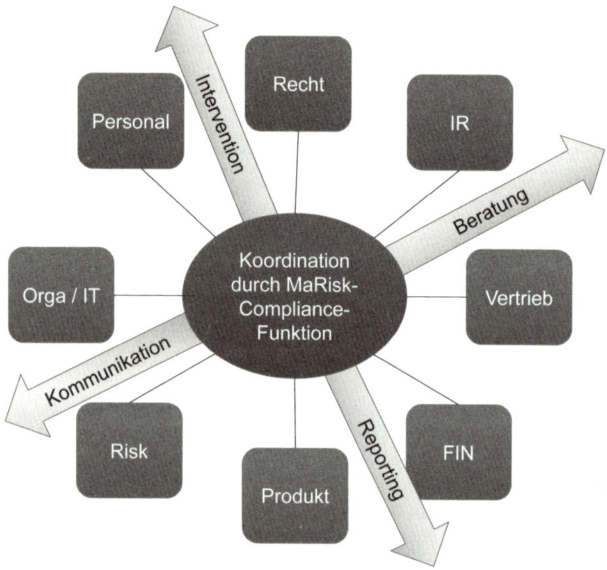

Quelle: Eigene Darstellung.

3.3.3 Qualifikationsanforderung MaRisk-Compliance

Die Einrichtung einer MaRisk-Compliance-Funktion wird dazu führen, dass sich Finanzinstitute mit der Frage der qualitativen Ausstattung der neuen Funktion beschäftigen müssen. Im folgenden Kapitel wird eine potenzielle Stellen- und Funktionsbeschreibung eines MaRisk-Compliance-Beauftragten vorgestellt.

3.3.3.1 Allgemeine Anforderungen

Der MaRisk-Compliance-Beauftragte sollte aufgrund sich stetig verändernder rechtlicher Rahmenbedingungen neue Konzepte und Ausfertigungen erarbeiten sowie die Betreuung interner Umsetzungsprojekte übernehmen. Der MaRisk-Compliance-Beauftragte sollte eine umfassende Beratungsfunktion übernehmen und in diesem Rahmen eine Art von „Sparringspartner" für sämtliche MaRisk-Compliance-relevanten Themen gegenüber den Fachbereichen darstellen.

Eingehende Anfragen sind eigenständig zu bearbeiten, d. h. Anfragen sind auszuwerten, Handlungsoptionen sind aufzuzeigen und zu bewerten. Abhängig von der Wesentlichkeit der Fragestellungen hat der MaRisk-Compliance-Beauftragte seine Bewertungen stets zu dokumentieren und notwendige Umsetzungsmaßnahmen entsprechend zu überwachen. Die Nichtvornahme gebotener Maßnahmen ist ggf. zu eskalieren.

Aufgrund eigenständiger und lösungsorientierter Würdigung sollte ein MaRisk-Compliance-Beauftragter für die als wesentlich definierten Rechtsbereiche sowohl intern, im Team, gegenüber den Fachbereichen, als auch extern gegenüber den Aufsichtsbehörden mündliche wie schriftliche Lösungen erarbeiten und präsentieren. Dabei sind detaillierte Kenntnisse über die einschlägigen Regelungen und Vorgaben im Sinne der MaRisk notwendig, die institutsspezifisch als wesentlich deklariert wurden. Letztendlich sollte der MaRisk-Compliance-Beauftragte insbesondere folgende **Kenntnisse** mitbringen:

- angemessene Rechtskenntnisse bezüglich der als wesentlich definierten Regelungen und Vorgaben sowie internen Selbstverpflichtungen,
- Kenntnisse über Produkte und Dienstleistungen des Instituts,
- Kenntnisse über Organisationstrukturen und Prozesse,
- Kenntnisse über Kontrollmaßnahmen und Interne Kontrollsysteme,
- Erfahrungen zur Verwaltungspraxis und Umgang mit Aufsichtsbehörden.

Aufgrund dieser umfangreichen Anforderungen an die Kenntnisse empfehlen wir von einem MaRisk-Compliance-Beauftragten, der eine entsprechende Verantwortung übernehmen soll, relevante Berufserfahrungen zur zwingenden Voraussetzung zu machen. Hier kommen beispielsweise vorherige Tätigkeiten in der Wertpapier-Compliance-, Rechts- oder Revisionsabteilung eines Finanzinstituts, einer Kanzlei oder Beratungsgesellschaft in Betracht. Auch die einschlägige Erfahrung aus einer Tätigkeit in einem internationalen Umfeld ist aufgrund der hohen Anzahl neuer EU-rechtlichen Vorgaben vorteilhaft.

3.3.3.2 Detaillierte Anforderungen

Der MaRisk-Compliance-Beauftragte sollte einschlägige Berufserfahrung und die unter Kapitel 3.3.3.1 beschriebenen Kenntnisse besitzen, um den hohen Anforderungen, die an die MaRisk-Compliance-Funktion gestellt werden, genügen zu können. Dazu zählen folgende **Kernkompetenzen**:

- Entwicklung und Ausübung eines umfassenden Beratungsansatzes,
- Wahrnehmung einer Umsetzungsverantwortung für Maßnahmen zur Minimierung wesentlicher Compliance-Risiken,
- Durchführung von Plausibilitätskontrollen sowie risikobasierter und anlassbezogener Kontrollmaßnahmen,
- Wahrnehmung eines umfassenden Berichtswesens zu den institutsspezifischen Compliance-Risiken.

3.3.3.2.1 Beratungskompetenz

Der MaRisk-Compliance-Beauftragte ist verantwortlich für die Fortentwicklung bzw. den Aufbau einer weitgehend neu zu konzeptionierenden angemessenen Beratungs- und Prozesssicherungsfunktion für die MaRisk-Compliance-Funktionen. In diesem Zusammenhang berät er zu internen Rahmenbedingungen, Verträgen sowie Arbeitsrichtlinien in den als wesentlich definierten Themenfeldern (z. B. WpHG-Compliance, Geldwäscheprävention, Betrugsprävention, Verbraucherschutz, Datenschutz, Corporate Governance etc.). Idealerweise kann er diesbezüglich auch konkrete Handlungsalternativen aufzeigen. Ein umfassender Beratungsansatz beinhaltet auch etwaige aufsichtsrechtlich zu empfehlende oder notwendige Prozessanpassungen aufgrund von ermittelten Kontrollergebnissen. Daneben sind europarechtliche

Fragestellungen zur Finanzmarktaufsicht zu verfolgen. Hierbei sollten entsprechende Rechtsentwicklungen regelmäßig beobachtet werden.

Der Beratungsansatz sollte sich an gesellschafts- und aufsichtsrechtlichen Gesichtspunkten des zu konzipierenden Compliance-Management-Systems orientieren. Auf der Grundlage eines entwickelten Schulungskonzeptes sollte der MaRisk-Compliance-Beauftragte in der Lage sein, selbst Schulungen und Coachings von Mitarbeitern zu leiten und ggf. die Fachbereiche bei internen Schulungen und Trainings zur Einhaltung fachbereichsspezifischer Regelungen unterstützen.

3.3.3.2.2 Umsetzungsverantwortung

Neben der Analyse und Beratung sollte der MaRisk-Compliance-Beauftragte auch bei der Umsetzung von Rechtsvorschriften insbesondere im Bereich des Compliance-Management-System mitwirken. In diesem Rahmen müssen innerhalb der MaRisk-Compliance-Funktion entsprechende Aufgaben- und Funktionsbeschreibungen erstellt werden. Darüber hinaus sollten wesentliche MaRisk-compliance-relevante Prozesse beschrieben sowie Zuständigkeiten und Verantwortlichkeiten festgelegt und dokumentiert werden.

Neben der Einrichtung der eigenen MaRisk-Compliance-Funktion sollte der MaRisk-Compliance-Beauftragte u. a. bei folgenden **fachbereichsübergreifenden Entscheidungen** eingebunden werden bzw. mitwirken:

- Entscheidung über die Notwendigkeit der Vornahme von Änderungen oder Anpassungen in den Arbeitsprozessen einzelner Fachabteilungen,
- Entscheidung über Änderungen in EDV-Systemen,
- Entscheidung über wesentliche Struktur- oder Prozessänderungen,
- Entscheidung über die Anpassung oder Änderung von compliance-relevanten Verträgen und Vereinbarungen.

Vor dem Hintergrund einer Umsetzungsverantwortung der Fachbereiche sollte der MaRisk-Compliance-Beauftragte hingegen auf die relevanten Fachbereiche einwirken, an fachbereichsinternen Besprechungen teilnehmen und die Erarbeitung von Lösungsansätzen unter Berücksichtigung compliancerelevanter Anforderungen fördern.

3.3.3.2.3 Kontrollerfahrung

Der MaRisk-Compliance-Beauftragte sollte idealerweise auch sicherstellen, dass die institutsspezifischen wesentlichen rechtlichen Regelungen und Vorgaben (KWG, WpHG, BDSG etc.) berücksichtigt werden. Dazu sollte der MaRisk-Compliance-Beauftragte sowohl eine ständige Fortentwicklung einer Compliance-Matrix für die relevanten Rechtsgebiete vorantreiben als auch durch gezielte Plausibilitätskontrollen sowie risikobasierter und anlassbezogener Kontrollmaßnahmen eine institutsweite Gesamt-Compliance fördern. Dementsprechend wird ein Teil der Tätigkeit des MaRisk-Compliance-Beauftragten in dem Entwickeln und der Durchführung von Kontrollmaßnahmen bestehen.

Für die Durchführung von Kontrollhandlungen muss der MaRisk-Compliance-Beauftragte Kenntnisse bezüglich **Prüfungsplanung** und **Prüfungsdurchführung** haben. Dazu gehören insbesondere

- Identifizierung der Kontrollrisiken des jeweiligen Prüfungsobjekts,
- Festlegung und Kommunikation der Prüfungsziele,
- Festlegung der Prüfungszeit und der Prüfer,
- Festlegung und Kommunikation der Vorgehensweise,
- Bereitstellung und Analyse notwendiger Informationen.

Soweit die Mitarbeiterkapazitäten ausreichen, sollte versucht werden, eine Funktionstrennung zwischen beratender und kontrollierender Funktion sicherzustellen, um möglichen Interessenkonflikten vorzubeugen. Es ist aber darauf hinzuweisen, dass aufgrund der prozessnahen Beratung, ein möglicher

Interessenkonflikt nicht zum „Stillstand“ von nachgelagerten Kontrollmaßnahmen führen darf. Eine Offenlegung möglicher Interessenkonflikte innerhalb der MaRisk-Compliance-Funktion sollte hier genügen.

3.3.3.3 Berichtsfunktion

Im Rahmen der Berichtsfunktion muss der MaRisk-Compliance-Beauftragte in der Lage sein, selbständig einen Bericht zu erstellen, der dezidiert Auskunft über die institutsspezifischen Compliance-Risiken gibt. Entscheidend sind hier das Herausstellen der wesentlichen Risiken und die Sicherstellung der Vollständigkeit. Ebenfalls müssen diese Berichte „managementgerecht“ aufbereitet werden für Geschäftsleitung und Aufsichtsrat.[45] Dazu muss der MaRisk-Compliance-Beauftragte ein ausgeprägtes sprachliches Ausdrucksvermögen besitzen, gerade im Hinblick auf die Darstellung komplexer Sachverhalte. Er sollte die Fähigkeit haben, Argumentationslinien und Begründungen zu entwickeln und diese revisionssicher zu kommunizieren und zu dokumentieren.

3.3.4 Compliance-Kultur

Die Implementierung der Compliance-Funktion als besondere Funktion im Sinne der MaRisk[46] zielt gemäß der weiteren Erläuterungen der BaFin im Rahmen des Anschreibens an die Verbände vom 14.12.2012 im Kern auf die Schaffung einer angemessenen Compliance-Kultur innerhalb der Institute ab. Eine ausgeprägte Compliance-Kultur ist Basis und Grundvoraussetzung für die Wirksamkeit eines Compliance-Management-Systems und folglich auch für die MaRisk-Compliance-Funktion.[47]

Um dieses Ziel zu erreichen, muss man sich in einem ersten Schritt verdeutlichen, welches Grundverständnis von „Compliance-Kultur“ im ursprünglichen Sinne vorhanden ist. In einem zweiten Schritt gilt es dann, Fragen in Bezug auf die eigentliche Compliance-Kultur zu stellen: Wie definiert man Compliance-Kultur? Wie kann man diese identifizieren, bewerten und ggf. steigern?

45 Vgl. Kapitel 3.3.12, S. 92.

46 Vgl. hierzu AT 4.4 MaRisk.

47 Vgl. Schefold (2011), S. 221-227.

Das Institut der Wirtschaftsprüfer in Deutschland e.V. (IDW) stellt in seinem Prüfungsstandard zu den Grundsätzen ordnungsmäßiger Prüfung von Compliance-Management-Systemen (IDW PS 980) einige **Kriterien** vor, durch welche die **Compliance-Kultur** in den Unternehmen beeinflusst wird:[48]

- das die Unternehmenswerte vermittelnde Verhalten der gesetzlichen Vertreter,
- die aufgestellten und kommunizierten Verhaltensgrundsätze,
- das integre, verantwortungsvolle und werteorientierte Verhalten der Mitglieder des Managements auf allen Managementebenen im Einklang mit den zu beachtenden Regeln,
- die Anreizsysteme, mit denen regelkonformes Verhalten gefördert wird, einschließlich der Berücksichtigung von Compliance bei Personalbeurteilungen und Beförderungen,
- der Führungsstil und die Personalpolitik des Unternehmens (z. B. Bedeutung der Kompetenz und Erfahrung der Mitarbeiter) sowie
- die Stellung des Aufsichtsorgans und die Art seiner Aufgabenwahrnehmung im Zusammenhang mit Risikomanagement und Compliance.

3.3.4.1 Tone at the Top

Die Compliance-Kultur bildet das Fundament für die Angemessenheit und Wirksamkeit eines Compliance-Management-Systems im Sinne der MaRisk. Sie wird vor allem geprägt durch die Grundeinstellungen und Verhaltensweisen der Geschäftsleitung sowie durch die Rolle des Aufsichtsorgans (*„tone at the top“*).

Dieser oft beschworene „tone at the top“, gemeint ist Führungsstil und Vorbildfunktion der Unternehmensführung, ist ein wesentlicher Schlüssel für den Stellenwert, den die Mitarbeiter des Unternehmens der Einhaltung von

48 IDW PS 980, TZ A 14.

Regeln beimessen und folglich die Bereitschaft zu regel- und gesetzeskonformem Verhalten.[49] Somit gilt es, über die Vorbildfunktion der Führungskräfte ein „gelebtes" Selbstverständnis im Unternehmen zu entwickeln, dass jede geschäftspolitische Entscheidung und Handlung stets im Einklang mit den jeweiligen rechtlichen Bestimmungen und Werten zu erfolgen hat.

Diese hohe Relevanz des „tone at the top" als Grundlage für eine ausgeprägte Compliance-Kultur hat Stephen M. Cutler, General Counsel bei JPMorgan Chase & Co, bereits im Jahr 2004 in seiner damaligen Funktion als Direktor der US-Börsenaufsichtsbehörde SEC[50] herausgestellt:[51]

„In order to convey the importance of integrity and honesty to a corporation's employees, those who run the business, those who are responsible for the bottom line, have to be the ones to tell employees that integrity and honesty matter. For if they don't do it, employees won't believe that those values are core values; they won't believe that integrity and honesty are important to those who really matter; they won't believe that their path to success will require adherence to those values."

Allerdings muss man gar nicht in die USA blicken, um sich dieser Bedeutung bewusst zu werden. Auch renommierte deutsche Unternehmen sehen die Verantwortung für Compliance im Management. Ein *„Best-Practice-Beispiel"* für die zumindest nach außen hin dokumentierte hohe Relevanz einer angemessenen Compliance-Kultur liefert die Siemens AG. So definiert sie die Verantwortung aller Führungskräfte für Compliance als bestimmendes Element für ihr Compliance-Management-System. Diese Verantwortung beinhaltet insbesondere die Vorbildrolle des Top-Managements. Darüber hinaus fordert Siemens von seinen Führungskräften, dass sie dieses Bekenntnis zur Compliance auch in ihrem täglichen Handeln umsetzen, nach dem Motto: *„Walk the Talk"*.[52] Ob und inwieweit diese granulare Ausgestaltung insbesondere eine Konsequenz aus den massiven Korruptionsvorwürfen Ende 2006 darstellt,

49 Vgl. hierzu IDW PS 980, Tz. 23.

50 United States Securities and Exchange Commission (SEC) mit Sitz in Washington, D.C.

51 http://www.sec.gov/news/speech/spch120304smc.htm [Zugriff: 15.06.2013].

52 http://www.siemens.com/sustainability/de/themenfelder/compliance/managementansatz/tone-from-the-top.htm [Zugriff: 15.06.2013].

soll an dieser Stelle unkommentiert bleiben. Zweifelsohne sind die in diesem Zusammenhang in den Medien kolportierten Summen für Strafzahlungen, Beraterkosten und Steuernachzahlungen in Höhe von mehreren Milliarden-Euro ein schlagendes Argument, dem „tone at the top" eine fundamentale Bedeutung beizumessen.

Dies vorangestellt fasst die folgende Abbildung einige Grundgedanken über das Zusammenspiel der einzelnen Führungsebenen im Blickwinkel des „tone at the top" zusammen.

Abbildung 3: „Tone at the Top" als Kernelement der Compliance-Kultur

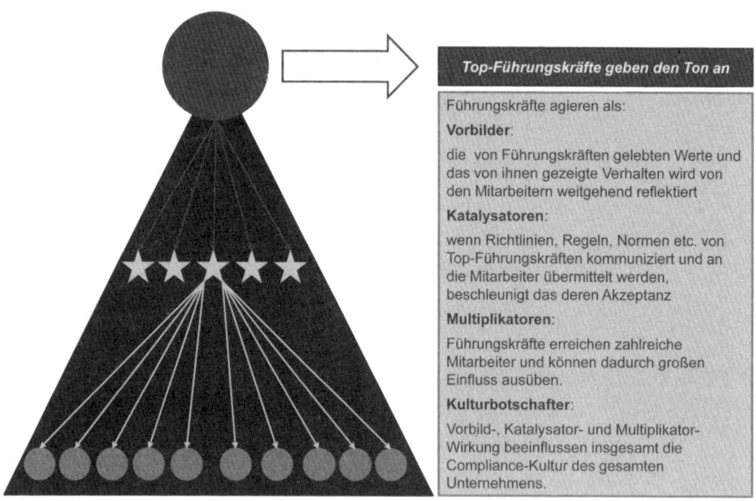

Quelle: Eigene Darstellung in Anlehnung an Wentner, Dr. Gundi, Tone at the Top Unternehmenskultur, Führung & Compliance, Vortrag im Rahmen des 6. Compliance Netzwerktreffens des Compliance Netzwerks Österreich am 31.05.2013, http://www.compliance-praxis.at/Kurzartikel/6.-Netzwerktreffen-Compliance-mit-Augenmass [Zugriff: 15.06.2013].

Die nachfolgenden **Fragestellungen** zu den Punkten

- Fehlerkultur/Umgang mit Beschwerden,
- Vertrieb um jeden Preis,
- Kommunikation/Schulungen
- sowie Konsequenzen

sollten bereits in der Konzeptionsphase beantwortet werden, um eine nachhaltige, effiziente und vor allem effektive Compliance-Kultur aufzubauen.

3.3.4.2 Fehlerkultur / Umgang mit Beschwerden

Ein Bestandteil einer guten Compliance-Kultur ist, wie institutsintern mit Fehlern und Beschwerden umgegangen wird. Es gilt zu hinterfragen, ob die Fehler und Beschwerden sachlich betrachtet werden und im Mittelpunkt deren Ursachenanalyse und zukünftige Vermeidung steht, oder ob sie ausschließlich für die Suche eines Schuldigen missbraucht werden, um eine Bewertung der Arbeitsleistung vorzunehmen.

3.3.4.3 Vertrieb um jeden Preis

Werden von vertriebsorientierten Markteinheiten viele Regelungen und Vorgaben weich ausgelegt und Lücken im System gesucht, um möglichst viele Geschäfte zum Abschluss zu bringen? Ist eine gewisse Sensibilität bei den einzelnen Mitarbeitern im Vertrieb existent und werden vertriebsrelevante Vorgaben und Richtlinien eingehalten bzw. aktiv gelebt?

3.3.4.4 Kommunikation / Schulung

Finden regelmäßig interne Schulungen mit Compliance-Bezug statt? Haben die Compliance-Verantwortlichen eine angemessene funktionsübergreifende Außenwirkung im Institut und besitzen sie selbst ein Verständnis zur Notwendigkeit von Regelungen und Vorgaben? Nichts ist schädlicher für Compliance als ein nicht wahrgenommener Compliance-Manager.

3.3.4.5 Konsequenzen

Hier gilt es zu hinterfragen, wie in den Instituten mit arbeitsrechtlichen Konsequenzen in Bezug auf compliance-relevante Vorfälle umgegangen wird. Werden Vorfälle konsequent aufgearbeitet und entsprechend geahndet? Kennen die Mitarbeiter die potenziellen Konsequenzen? Ist das compliance-konforme Verhalten der Mitarbeiter Bestandteil von Zielvereinbarungen im Rahmen einer variablen Vergütung?

3.3.5 Definition „Compliance-Risiko"

Das Compliance-Risiko dürfte in unterschiedlichsten Ausprägungen in den einzelnen Instituten auftauchen. Damit sich „operativ" mit dem Compliance-Risiko auseinander gesetzt werden kann, ist zunächst zu definieren, was unter dem „Compliance-Risiko" im Sinne der MaRisk zu verstehen ist.

Zur Definition des reinen Compliance-Risikos wird zunächst der klassische Risiko-Begriff näher betrachtet. Es existiert hierzu keine einheitliche Definition. Allgemein wird das Risiko als Produkt aus Eintrittswahrscheinlichkeit eines Ereignisses und dessen Konsequenz, bezogen auf die Abweichung von gesteckten Zielen, angesehen und ist in der Einheit der Zielgröße zu bewerten.[53]

3.3.5.1 Risikoarten

Im Bankenbereich haben sich durch die MaRisk vier spezielle Risikoarten manifestiert. In den MaRisk sind die folgenden **Risiken**

- Adressenausfallrisiken (BTR 1),
- Marktpreisrisiken (BTR 2),
- Liquiditätsrisiken (BTR 3),
- Operationelle Risiken (BTR 4)

explizit benannt.

53 Vgl. Krause, Borens (2009), 4/09, S. 180ff., 5/09, S. 227ff.

Auf die drei erstgenannten Risikoarten wird an dieser Stelle nicht intensiver eingegangen, da sie in erster Linie für die Implementierung einer MaRisk-Compliance-Funktion nicht von bedeutender Relevanz sind. Berührungspunkte hierzu gibt es erst im Rahmen der Überwachungsfunktion durch Compliance, ob und inwieweit die Anforderungen gemäß dem Modul BTR der MaRisk eingehalten werden.

Interessanter wird die Betrachtungsweise der sogenannten Operationellen Risiken. Deren Betrachtungsweise mit anschließender Identifizierung, Bewertung und Analyse ist eine wesentliche Grundlage der Compliance-Tätigkeit.

3.3.5.2 Operationelle Risiken

Um eine saubere Trennung zwischen den operationellen Risiken und dem Compliance-Risiko darzustellen, muss man sich zunächst mit der Definition der Operationellen Risiken beschäftigen.

Das Operationelle Risiko (OpRisk) ist gemäß dem Baseler Komitee für Bankenaufsicht die Gefahr von Verlusten, die in Folge der Unangemessenheit oder des Versagens von internen Verfahren, Menschen und Systemen oder in Folge von externen Ereignissen eintreten. Diese Definition schließt Rechtsrisiken ein, beinhaltet aber nicht strategische Risiken oder Reputationsrisiken.[54]

Dies vorangestellt gilt es zu beantworten, inwieweit Reputationsrisiken zu den Compliance-Risiken zu zählen sind. Diese Sichtweise wird grundsätzlich bejaht.

54 Vgl. efirm.org/appendix1.pdf S. 4.

Abbildung 4: Schnittmenge Risikoarten

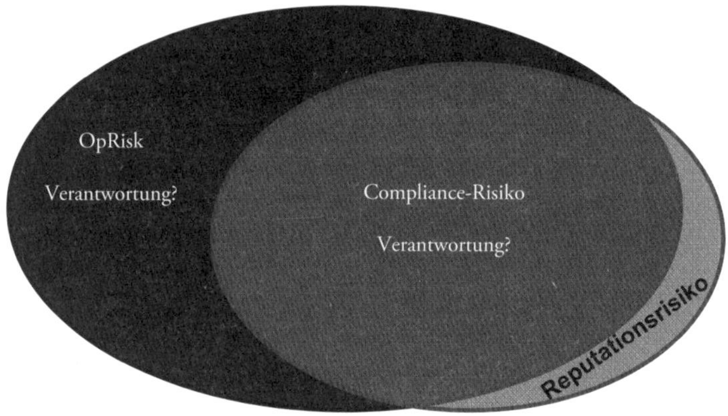

Quelle: Eigene Darstellung.

Die notwendige Abgrenzung zu den klassischen OpRisk gestaltet sich nicht einfach. Möglicherweise ist der Umgang mit den OpRisk in vielen Instituten bereits hinreichend geregelt und die Verantwortlichkeiten sind klar abgegrenzt. Wenn dies nicht der Fall ist, liegt nun eine große Herausforderung darin, die notwendige Abgrenzung und deren Verantwortlichkeiten zu finden. Wer kümmert sich um welche konkreten Risiken? Wie gestaltet man das praktische Miteinander und nutzt sinnvolle Synergien?

Lediglich das Reputationsrisiko ist ein reines Compliance-Risiko und wird nicht als klassisches OpRisk angesehen. Um die internen Verantwortlichkeiten der einzelnen Bereiche Compliance und OpRisk klar zu definieren, bedarf es dem Bewusstsein der Notwendigkeit genau dieser Abgrenzung. Da diese Abgrenzung in der täglichen Praxis nicht immer leicht ist, bedarf es zukünftig einer weiteren aufsichtsrechtlichen Klärung in diesem Umfeld; eventuell auch mit der Manifestierung einer eigenen Risikoart in den MaRisk: Compliance-Risiken.

Praktische Handlungsempfehlungen zum Umgang mit dieser Abgrenzung werden im Kapitel „Implementieren“ erläutert.

3.3.5.3 Bisherige Compliance-Risiken

Generell wird unter Compliance-Risiko der Verstoß gegen Gesetze, Normen, Verträge und Selbstverpflichtungen (interne Regelungen) oder die Wahrnehmung eines unsittlichen Verhaltens im Rahmen der herrschenden Moralvorstellungen verstanden.

Abbildung 5: Compliance-Risiko

Quelle: Eigene Darstellung.

Diese Definition ist relativ eng und entspricht nicht der tatsächlichen Risikosituation, da das Risiko einer „Non-Compliance“ auch in einer aufbau- oder ablauforganisatorischen Schwäche begründet liegen kann und somit nicht auf ein individuelles Fehlverhalten zurückzuführen ist. Diese Betrachtungsweise ist auch vor dem Hintergrund sinnvoll, dass durch die MaRisk-Novelle die Compliance-relevanten Themengebiete erweitert werden (z. B. Bankaufsichtsrecht).

Wie in Abbildung 4, S. 50 dargestellt, kann man unter dem Compliance-Risiko solche Risiken zusammenfassen, welche in einem Institut bereits bekannt sind und explizit auch behandelt werden müssen. Im Rahmen der

Geldwäscheprävention wird die Gefährdungsanalyse gefordert, welche die Risiken der Geldwäsche, Terrorismusfinanzierung und der sonstigen strafbaren Handlungen behandelt und beschreibt. Die MaComp und das WpHG fordern ebenfalls eine Risikoanalyse, welche die Einhaltung des WpHG und der weiteren Kapitalmarkt relevanten Normen fördern soll. Allgemein kann das Compliance-Risiko als das Risiko bezeichnet werden, welches Strafzahlungen, Schadensersatz, Reputationsschäden und Vermögensschäden mit sich bringt.

Somit wird deutlich, dass sich das so genannte Compliance-Risiko bereits auf mehrere Bereiche im Institut erstreckt hat. Angefangen von der Gefährdungsanalyse nach GwG und KWG über die Anforderungen des WpHG und der WpDVerOV bis hin zu dem klassischen allgemeinen Risiko eines Reputationsschadens.

3.3.5.4 „Erweiterter" Compliance-Begriff gemäß MaRisk

Zu diesem bisherigen Compliance-Risiko kommen ergänzend die in AT 4.4.2 Tz.1 MaRisk beschriebenen Risiken hinzu, die sich aus der Nichteinhaltung rechtlicher Regelungen und Vorgaben ergeben können.

Unter Berücksichtigung dieser Betrachtungsweise ergibt sich nun folgendes Bild eines Compliance-Risikos gemäß der MaRisk:

Nach unserem Verständnis umfasst der neue Compliance-Begriff der MaRisk *die Förderung der Einhaltung der für das Kreditinstitut wesentlichen rechtlichen Regelungen und Vorgaben sowie internen Selbstverpflichtungen zur Vermeidung von Rechts- und Reputationsschäden sowie Vermögensgefährdungen für ein Institut.*

Der Versuch einer Auflistung der einzelnen **Risikoarten** aus MaRisk-compliance-relevanter Sicht könnte sich folgendermaßen gestalten:

- Operationelles Risiko,
- Risiko eines Gesetzesverstoßes (allgemein),
- Risiko eines Gesetzesverstoßes nach WpHG,
- Risiko in Bezug auf Geldwäsche,
- Risiko in Bezug auf Terrorismusfinanzierung,
- Risiko in Bezug auf sonstige strafbare Handlungen (intern / extern),
- Risiko eines Reputationsschadens.

Die eindeutige Zuordnung eines möglichen Risikos in diese Struktur ist nicht immer einfach. Je nach Institut, Aufbauorganisation und Struktur sind regelmäßig unterschiedliche Fachbereiche und Abteilungen zuständig und verantwortlich.

Die MaRisk regelt sowohl den Umgang mit allgemeinen Risiken als auch konkrete Anforderungen in Bezug auf den Umgang mit Operationellen Risiken (siehe BTR 4). Bestandteil der OpRisk sind ebenfalls die allgemeinen Compliance-Risiken, die sich aus AT 4.4.2 MaRisk ergeben. Das Compliance-Risiko wird an dieser Stelle mit der Nichteinhaltung rechtlicher Regelungen und Vorgaben begründet.

Vor diesem Hintergrund sollte man weitere spezialgesetzliche Anforderungen im Compliance-Umfeld aus WpHG, GwG und KWG betrachten. Diese fordern gemäß § 25c KWG eine Gefährdungsanalyse in Bezug auf die Risiken, welche sich aus Geldwäsche, Terrorismusfinanzierung und den sonstigen strafbaren Handlungen ergeben können. Diese Risiken gilt es im Rahmen eines Anti-Geldwäsche-Programmes individuell zu minimieren; dies ist eine Kernaufgabe der sogenannten „Zentralen Stelle“ nach § 25c KWG.

Ebenso fordern die MaComp in BT 1.2.1.1 eine Risikoanalyse, die Compliance helfen soll, die dortigen Risiken, welche sich aus der Nichteinhaltung des WpHG in Verbindung mit der WpDVerOV und den MaComp ergeben können, zu minimieren.

Auf sehr detaillierte Art und Weise handelt es sich hier um reines Risiko-Management, welches von unterschiedlichen Spezialnormen im Compliance-Umfeld schon länger gefordert wird. Dies sollte ein Ansatz für Synergien sein, welcher im Rahmen der Implementierung weiter vertieft wird.

Das folgende Schaubild stellt die Zusammenhänge der einzelnen Compliance-Anforderungen modellhaft dar. Die Nennung des WpHG und KWG ist hier nicht abschließend.

Abbildung 6: Spezielle Anforderungen im globalen Kontext

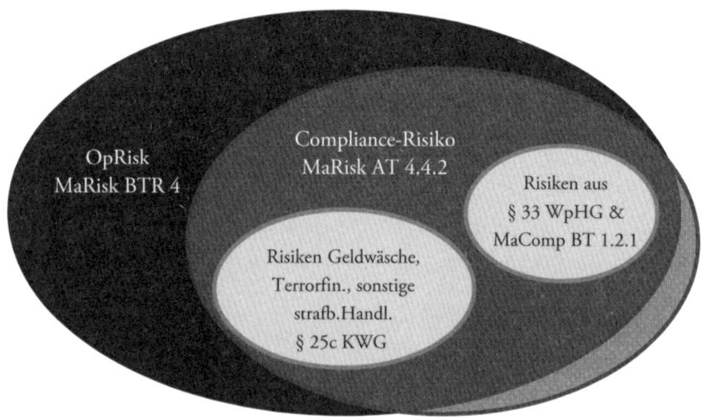

Quelle: Eigene Darstellung.

3.3.6 Legal-Inventory

Um dem Risiko eines Gesetzesverstoßes, sei es allgemeiner oder beispielsweise wertpapierrechtlicher Art, entgegenzuwirken, müssen dem Institut zunächst alle relevanten Normen bekannt sein. Es ist davon auszugehen, dass eine solche Erhebung in den meisten Instituten noch nicht vorhanden ist. Diese Notwendigkeit stellt die Institute vor eine anspruchsvolle Herausforderung, da die bankenaufsichtsrechtlichen Normen und Regularien als durchaus komplex zu bezeichnen sind. Hier gilt es auch die Mitarbeiter regelmäßig zu schulen und zu sensibilisieren. Nur so gelingt es, ein Bewusstsein für Normen und deren Erfassung zu schaffen.

Die fachlichen Anforderungen, die sich aus den neuen MaRisk ergeben, beziehen sich auf die Notwendigkeit, die für die jeweiligen Institute (konzernweit) geltenden Regelungen und Vorgaben sowie die internen Selbstverpflichtungen und Standards idealerweise in ein Verzeichnis aufzunehmen, das regelmäßig aktualisiert wird und die Grundlage für ein Compliance Risk Assessment bildet. Das Compliance Risk Assessment ist die Basis für die Entwicklung eines risikoorientierten, effizienten und effektiven Compliance-Programms und somit für die Implementierung eines Compliance-Management-Systems unverzichtbar.

Das Vorhandensein eines Legal-Inventory und die Durchführung eines Compliance Risk Assessments stellen ein generelles betriebswirtschaftliches Erfordernis dar, das nun durch die neue MaRisk und die darin zum Ausdruck gebrachte Ausweitung des Zuständigkeitsbereichs der MaRisk-Compliance-Funktion verdeutlicht wird.

Die fachlichen Anforderungen aus den neuen MaRisk AT 4.4.2 lassen sich somit in **zwei Phasen** untergliedern:

- Erstellung Legal-Inventory (Aufnahme aller Regularien unter Berücksichtigung von vordefinierten Aufgriffsgrenzen),
- Compliance Risk Assessment (Definition, Analyse und Bewertung der Risiken).

Zur Verdeutlichung der Zusammenhänge zwischen diesen Phasen wird auf die nachfolgende Abbildung verwiesen.

Abbildung 7: Phasen des Risk Assessments

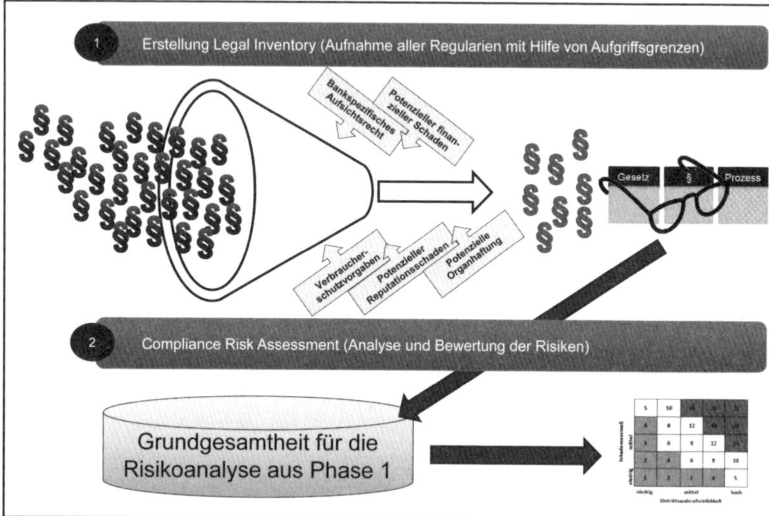

Quelle: Eigene Darstellung.

3.3.6.1 Erhebung der wesentlichen Vorschriften (Legal-Inventory)

In den MaRisk AT 4.4.2 Tz. 2 wird die Identifizierung der wesentlichen rechtlichen Regelungen und Vorgaben gefordert. Die Identifizierung aller dieser Regelungen und Vorgaben sollte in einem zentralen Legal-Inventory erfolgen, welches fortlaufend angepasst werden muss. In diesem Legal-Inventory sind alle für die jeweiligen Häuser wesentlichen Regelungen und Vorgaben sowie die relevanten internen Verhaltensrichtlinien aufzuführen.

Darüber hinaus bildet das Legal-Inventory die Grundlage für ein Compliance Risk Assessment, das die Beurteilung der Risiken der Nichteinhaltung gesetzlicher Bestimmungen und sonstiger Vorgaben zum Gegenstand hat und an dem nachfolgend die institutsspezifischen Compliance-Risiken bestimmt werden können. Ferner wird es benötigt, um einen Prozess zur systematischen Aktualisierung inklusive der Zuordnung von Verantwortlichkeiten zu entwickeln und zu implementieren.

3.3.6.2 Aufgriffsgrenzen

Gemäß den zuvor gemachten grundsätzlichen Überlegungen[55] nutzt man hier gegebenenfalls für eine Vorauswahl aller Normen, so genannte Aufgriffsgrenzen. Hiermit ist ein gewisser Filter gemeint, der sich aus relevanten Themengebieten zusammensetzt und eine Selektion aller Normen als Ergebnis hat, welche dann in das Risk Assessment einfließen. Diese Filterfunktion führt dazu, dass gewisse Regelungen und Vorgaben nicht weiter betrachtet und bewertet werden müssen. **Aufgriffsgrenzen** können sein:

- bankspezifisches Aufsichtsrecht,
- potenzieller finanzieller Schaden,
- Verbraucherschutzvorgaben,
- potenzieller Reputationsschaden,
- potenzielle Organhaftung.

Die Definition der hier genannten Schadenshöhen als relevanter Schaden muss im Vorfeld durchgeführt werden. Diese Vorauswahl erleichtert im Nachhinein die Risikobewertung und die damit einhergehende mögliche Implementierung von weiteren Maßnahmen.

Die Gefahr bei der Nutzung von vordefinierten Aufgriffsgrenzen ist es, dass somit potenziell relevante Regularien nicht bewertet werden, da sie von vorne herein als nicht relevant eingestuft werden.

3.3.6.3 Inhaltliche Anforderungen an ein Legal-Inventory

Das Legal-Inventory führt alle relevanten gesetzlichen Bestimmungen oder sonstigen Vorgaben auf. Sonstige Vorgaben betreffen (in Anlehnung an die „EBA Guidelines on Internal Governance GL 44") Regulierungen, Verträge, vorgeschriebene Verfahren und Praktiken sowie ethische Standards. Die Einbeziehung von Verträgen in das Legal-Inventory wird für nicht sinnvoll

55 Vgl. Kapitel 3.3.1, S. 29.

erachtet, da das Vertragsmanagement auf Grund der Komplexität separat und idealerweise an anderer Stelle überwacht werden sollte. Ethische Standards werden in der Regel in einem Code of Conduct aufgeführt und sind ebenfalls nicht in das Legal-Inventory aufzunehmen.

Aufzunehmende **gesetzliche** Bestimmungen und **sonstige Vorgaben** (im Folgenden „Vorschriften" genannt) beinhalten:

- Gesetze,
- aufsichtsrechtliche Regularien (z. B. Verordnungen und Erlasse),
- Grundsätze (z. B. Grundsätze ordnungsgemäßer Buchführung),
- privatrechtliche Verpflichtungen zu bestimmten Verhalten (z. B. Deutscher Corporate Governance Kodex).

Zwecks Vermeidung wiederholter Analysen von Vorschriften sind die als nicht relevant erachteten Vorschriften in einem separaten Verzeichnis aufzuführen.

Zu jeder Vorschrift kann angegeben werden, für welche Geschäfts- und Unterstützungsprozesse sie von Bedeutung ist.

Sofern ein Gesetz nicht vollständig, sondern nur in Teilen relevant ist, können die relevanten Abschnitte oder ggf. die Paragraphen bezeichnet werden. Grundsätzlich gilt, dass ein „Herunterbrechen" der Vorschriften auf einzelne Detailregelungen vermieden werden sollte.

Diese Vorarbeit der Konzeption des Templates für das Legal-Inventory muss im Vorfeld durchgeführt werden.

3.3.6.4 Anforderungen an die regelmäßige Aktualisierung des Legal-Inventory

Das Legal-Inventory sollte regelmäßig aktualisiert werden. Es sollte Aufgabe der MaRisk-Compliance-Funktion sein, aktiv an der Identifizierung und Beurteilung der Auswirkungen von Änderungen in den Gesetzen, Regularien und Standards mitzuwirken.

Die Verantwortung für die Überwachung der Vorschriften hinsichtlich Veränderungen sollte je Vorschrift einer Organisationseinheit zugewiesen sein (die sogenannte Erste Verteidigungslinie). Die Erfassung sollte (zunächst) zentral durch die Compliance-Funktion ggf. in Zusammenarbeit mit Organisationseinheiten wie Rechtsabteilung und/oder Risikomanagement erfolgen.

3.3.7 Das Modell der drei Verteidigungslinien

Im Rahmen der neu definierten Anforderungen und den daraus resultierenden Tätigkeiten stellt sich nun die Frage, welcher Bereich im Institut die Verantwortung für welche Tätigkeiten hat. Hierzu zählen die schon behandelten Aufgabengebiete der Normenerhebung in Form des Legal-Inventory, die Risikoidentifikation, die Risikobewertung und die Implementierung von risikominimierenden Maßnahmen.

Um die Zuordnung der Aufgaben besser definieren zu können, wird mit Blick auf eine interessenwahrende Verteilung von Verantwortlichkeiten und Zuständigkeiten, an dieser Stelle zunächst theoretisch auf das Modell der drei Verteidigungslinien eingegangen.

Seit der Veröffentlichung des Baseler Papiers „Principles of enhancing corporate governance“[56] von 2010 und den im Anschluss weiteren veröffentlichten Baseler Papieren (Principles for the Sound Management of Operational Risk[57]), hat das Modell der sogenannten drei Verteidigungslinien („Three lines of defence“) in der Bankenwelt Einzug erhalten. Es stellt einen wichtigen Erfolgsfaktor hinsichtlich der Ausgestaltung der verschiedenen Funktionen im

56 Verfügbar im Internet unter http://www.bis.org/publ/bcbs176.pdf.

57 Verfügbar im Internet unter http://www.bis.org/publ/bcbs195.pdf.

Rahmen eines funktionierenden Risikomanagements eines Kreditinstitutes dar. So ist die Minimierung der Risiken, die sich aus der Nichteinhaltung von Normen und Regularien ergeben können, zentraler Bestandteil des Risikomanagements.

Dieses Modell ordnet organisatorische Kontroll- und Überwachungselemente in eine strukturierte Form und umfasst operative Kontrollen (erste Verteidigungslinie), Kontrollen durch das Risikomanagement und Compliance (zweite Verteidigungslinie) sowie Kontrollhandlungen durch die Interne Revision (dritte Verteidigungslinie):

1. Verteidigungslinie
Die Kontrollen finden (zumeist) auf der operativen Ebene statt. Diese operativen Kontrollen liegen häufig im Verantwortungsbereich der Managementebenen, die einen direkten Einfluss auf den entsprechenden Prozess oder den zu kontrollierenden Sachverhalt haben. Das Ziel der ersten Verteidigungslinie ist die Risikoreduzierung durch die Nutzung von Kontrollen und Kontrollprozessen.

2. Verteidigungslinie
Die zweite Verteidigungslinie, zu der auch Compliance gehört, steuert und reguliert die operativen Kontrollen und überwacht deren Funktionsfähigkeit. Zu dem Aufgabenspektrum der zweiten Verteidigungslinie gehört nicht nur die Überwachung der untergeordneten Kontrollen und deren Reports, sondern auch die Optimierung der Kontroll- und Überwachungsstruktur mit dem Ziel der Reduzierung von Risikopotenzialen.

3. Verteidigungslinie
Ziel der Aktivitäten der dritten Verteidigungslinie ist die unabhängige Überwachung der ersten und zweiten Verteidigungslinie. Die dritte Verteidigungslinie wird von der Internen Revision abgedeckt. Auf die Ausgestaltung der Revision wird kurz im Rahmen der Analyse von möglichen Schnittstellen zu anderen Unternehmensbereichen eingegangen. [58]

58 Vgl. hierzu die Ausführungen in Kapitel 3.3.11.1.4, S. 86.

3.3.7.1 Ziel der Aufnahme, Bewertung und Weiterentwicklung der ersten und zweiten Verteidigungslinie

Das Ziel der Aufnahme, Bewertung und Weiterentwicklung der ersten und zweiten Verteidigungslinie unter Berücksichtigung der Maßnahmen der dritten Verteidigungslinie ist es, ein ganzheitliches, aufeinander abgestimmtes und somit effizientes allgemeines Compliance-Programm zu entwickeln, dessen Maßnahmen zur Reduzierung der zuvor beschriebenen Compliance-Risiken im Einklang mit der Zielsetzung stehen.

Basierend auf den vom Institut definierten Compliance-Zielen wird die Effektivität der 1st- und 2nd-Level-Kontrollen bewertet. Für den Fall, dass die Kontrollziele durch die vorhandenen, risikoreduzierenden Maßnahmen nicht erreicht werden, sind diese anzupassen oder neu zu entwickeln.

3.3.7.2 Vorgehensweise zur Aufnahme, Bewertung und Weiterentwicklung der ersten Verteidigungslinie

3.3.7.2.1 Grundlage

Die Grundlage für die Aufnahme, Bewertung und Weiterentwicklung der ersten Verteidigungslinie bildet eine Analyse aller möglichen Risiken. Zunächst werden diese durch die jeweiligen Fachbereiche identifiziert, bewertet und analysiert. Des Weiteren werden im Zuge der Analyse auch sämtliche Kontrollhandlungen der Fachbereiche aufgenommen.

3.3.7.2.2 Überprüfung der Effektivität der Kontrollen

Auf der Grundlage dieser Analyse werden für die identifizierten und bewerteten Risiken die vorhandenen und von den Geschäftsbereichen / Prozessverantwortlichen dokumentierten Kontrollen hinsichtlich ihrer Effektivität beurteilt. Die Prüfung der Effektivität bezieht sich auf die Wirksamkeit der Kontrolle hinsichtlich der Erreichung des spezifischen Compliance- oder Kontrollziels. Dabei gilt es zu analysieren, welches Risiko institutsbezogen noch akzeptabel ist.

3.3.7.2.3 Identifizierung und Behebung von Control Gaps

Ein Control Gap liegt vor, wenn keine Kontrolle vorhanden ist oder eine vorhandene Kontrolle das Compliance- oder Kontrollziel nicht erfüllt bzw. das Residualrisiko über dem akzeptierten Niveau liegt.

Für den Fall, dass ein Control Gap vorliegt, sind bestehende Kontrollen zu verbessern oder neue Kontrollen zu entwickeln. Grundsätzlich sollte versucht werden, präventive Kontrollen zu implementieren.

3.3.7.2.4 Festlegung von Überwachungsmaßnahmen innerhalb der ersten Verteidigungslinie und Berichterstattung

Das direkte Management der operativen Bereiche sollte auch selbst zur Sicherstellung der Qualität und der Ordnungsmäßigkeit der Geschäftsprozesse die Effizienz der Kontrollen überwachen. Vorhandene Überwachungsmaßnahmen sind aufzunehmen und – sofern erforderlich – neue zu entwickeln.

Darüber hinaus sollte die Berichterstattung der Geschäftsbereiche bzw. der Prozessverantwortlichen an die Compliance-Funktion geregelt werden, z. B. in Bezug auf die Effizienz der Kontrollen und kontrollunabhängigen Compliance-Verstößen.

3.3.7.2.5 Dokumentation der Maßnahmen der ersten Verteidigungslinie

Die Maßnahmen der ersten Verteidigungslinie sind revisionssicher zu dokumentieren und bei Bedarf risikoorientiert anzupassen.

3.3.7.2.5.1 Risiko-Kontroll-Matrix

Die Dokumentation der Risiken, der Kontrollen und der Überwachungsmaßnahmen innerhalb der ersten Verteidigungslinie sollte in Form einer Risiko-Kontroll-Matrix erfolgen.

3.3.7.2.5.2 Arbeitsablaufbeschreibungen / Prozessdokumentation

Die Kontroll- und Überwachungsmaßnahmen sind in die vorhandenen Arbeitsablauf- und Prozessbeschreibungen einzuarbeiten. Alternativ dazu könnte ein allgemeiner Verweis auf die Risiko-Kontrollmatrix erfolgen. Entscheidend ist, dass die Kontroll- und Überwachungsmaßnahmen verbindlich eingeführt werden.

3.3.7.2.5.3 Dokumentation der Kontrollaktivitäten

Die Durchführung der Kontroll- und Überwachungsmaßnahmen ist – abhängig vom Charakter der Kontrolle – von den „Durchführenden“ zu dokumentieren, damit die Maßnahmen der zweiten Verteidigungslinie effizient ablaufen können. Für die relevanten Kontroll- und Überwachungsmaßnahmen sind die Dokumentationserfordernisse festzulegen.

3.3.7.2.6 Laufende Überprüfung der Risiken, Kontrollen und Überwachungsmaßnahmen

Die Risiken, die Effektivität der Kontrollen sowie die Überwachungsmaßnahmen sind periodisch (i. d. R. einmal pro Jahr) zu überprüfen und ggf. anzupassen.

Darüber hinaus ist eine **Überprüfung** immer erforderlich bei

- Änderung eines Geschäftsprozesses,
- Änderung der Ausgestaltung eines Produktes,
- Einführung eines neuen Produktes und
- Veränderungen im IT-Umfeld.

Die Anpassungen sind dem Compliance-Beauftragten mitzuteilen.

3.3.7.3 Vorgehensweise zur Entwicklung der zweiten Verteidigungslinie

3.3.7.3.1 Grundlage

Zu den Aufgaben der zweiten Verteidigungslinie gehört wie oben beschrieben die Überwachung der untergeordneten Kontrollen (d. h. der Kontrollen der ersten Verteidigungslinie) und deren Reports sowie die Optimierung der Kontroll- und Überwachungsstruktur mit dem Ziel der Reduzierung von Risikopotenzialen.

Daher bildet die erste Verteidigungslinie die Grundlage für die Entwicklung der zweiten Verteidigungslinie.

Die Verantwortung für die Entwicklung und Implementierung der Maßnahmen der zweiten Verteidigungslinie liegt für die definierten Compliance-Risiken bei der MaRisk-Compliance-Funktion.

3.3.7.3.2 Priorisierung der Risiken, Kontrollen und Überwachungsmaßnahmen der ersten Verteidigungslinie

Auf der Grundlage der Risiko-Kontroll-Matrizen sind die Überwachungsmaßnahmen durch die MaRisk-Compliance-Funktion abzuleiten.

Zunächst sind die Risiken und Kontrollen der ersten Verteidigungslinie zu priorisieren. Um die Bedeutung der einzelnen Kontrollen zu bewerten, sind das inhärente Risiko und das Residualrisiko zu berücksichtigen.

3.3.7.3.3 Entwicklung der Überwachungsmaßnahmen der zweiten Verteidigungslinie und Ableitung eines Überwachungsplans

Auf der Grundlage der Priorisierung der Kontrollen werden die Überwachungsmaßnahmen der zweiten Verteidigungslinie (MaRisk-Compliance-Funktion) definiert.

Die Aktivitäten sind hinsichtlich ihrer Häufigkeit und konkreten Ausgestaltung in einen Überwachungsplan aufzunehmen. Häufigkeit und Ausgestaltung der Überwachungsmaßnahmen richten sich nach der Bedeutung der Kontrolle. In diesem Zusammenhang ist festzulegen, innerhalb welchen Zeitraums eine Maßnahme der ersten Verteidigungslinie in Abhängigkeit von dem zugrunde liegenden Risiko mindestens einmal zu prüfen ist.

Zwecks Vermeidung von Doppelarbeiten sind die Überwachungsmaßnahmen der zweiten Verteidigungslinie mit der Internen Revision abzustimmen.

Um die Nachvollziehbarkeit der Maßnahmen der zweiten Verteidigungslinie durch die Interne Revision (dritte Verteidigungslinie) zu ermöglichen, sind die Aktivitäten und die Ergebnisse zu dokumentieren und in einem Bericht zusammenzufassen.

3.3.8 Risikomodell

Die Entwicklung des Risikomodells ist die Grundvoraussetzung zur Identifikation und prüfungssicheren Bewertung der institutsinternen Rechts- und Compliance-Risiken. Das Risikomodell bietet darüber hinaus die prüfungssichere Begründung für die abschließende Bestimmung der Risiken. An dieser Stelle werden mögliche Risikoparameter und Kriterien aufgezeigt, die individuell bei der Konzeption der Risikoanalyse gewichtet werden können. Die konkrete Berechnung und Bewertung der jeweiligen Risiken, die sich aus den erhobenen Regelungen und Vorgaben ergeben, werden im Abschnitt 3.3.9 „Risikoanalyse" beschrieben.

3.3.8.1 Art des Schadens

Die Vielfalt der in einem Institut möglichen Schadensarten sollten durch das Risikomodell berücksichtigt werden, um ggf. schon während der Erhebung institutsspezifische Auffälligkeiten zu erkennen. Bei der anschließenden Risikoanalyse können dann die erhobenen Schadensarten einer entsprechenden Gewichtung zugeführt werden. Für eine Grobgliederung der Schadensarten bietet sich folgende **Clusterung** an:

Finanzielle Schäden

- Prozess- und Verfahrenskosten,
- Schadensersatzzahlungen,
- Vergleichszahlungen,
- Anwaltskosten,
- Aufklärungs-/ Ermittlungskosten,
- Straf- und Bußgeldzahlungen,
- Ordnungsgelder.

Reputationsschäden

Beim Reputationsschaden gilt es insbesondere aus Sicht des betroffenen Unternehmens eine institutsspezifische Definition zu finden. Zur Bestimmung von Reputationsrisiken können u. a. folgende **Kriterien** herangezogen werden:

- Arten der veröffentlichenden Medien,
- Radius und Reichweite der veröffentlichenden Medien,
- Adressatenkreis der veröffentlichenden Medien,
- potenzielle Reaktionen von Kunden des Instituts,
- potenzielle Reaktionen von Mitarbeitern und möglichen Bewerbern,
- aufsichtsrechtliche Sanktionen und ordnungsrechtliche Maßnahmen.

Hierzu sollten bei der Erhebung sämtliche potenziell möglichen aufsichtsrechtlichen Sanktionen und ordnungsbehördlichen Maßnahmen berücksichtigt werden: Unter anderem sind folgende **Sanktionsmaßnahmen** denkbar (nicht abschließend):

- Lizenzentzug,
- Geschäftsverbot,
- Ausschluss von Märkten,
- Sonderprüfungen,
- Produktverbote,
- Abmahnungen,
- Prüfungsbegleitungen.

3.3.8.2 Schadenshöhe

Entscheidend ist nicht allein die quantitative Erhebung von Schäden, worin der große Unterschied zur Erhebung der operationellen Risiken besteht, sondern eine Gesamtschau auf die potenziell möglichen Schadenshöhen. Hier empfiehlt es sich, um die Aussagekraft der Schadenshöhen zu steigern, vergangene Erfahrungswerte und aktuelle Markteinschläge innerhalb der Erhebung zu berücksichtigen. Eine Orientierung an den Schadenshöhen der Erhebung der operationellen Risiken ist allerdings nicht ausgeschlossen.

3.3.8.3 Eintrittswahrscheinlichkeit

Bei der Eintrittswahrscheinlichkeit der zuvor bestimmten Schadenskategorien handelt es sich innerhalb der Risikobewertung um das Korrektiv zur Schadenshöhe. Hier sollte der tatsächliche Eintritt der Schäden unter Zugrundelegung des aktuellen Risikos und der vergangenen Erfahrungswerte durch konkrete Zeiteinheiten definiert werden. Im Folgenden wird ein beispielhafter **Maßstab** für die Ausprägung der Eintrittswahrscheinlichkeit vorgestellt:

- seltener als 1-mal in 5 Jahren,
- 1-mal in 5 Jahren, aber seltener als 1-mal im Jahr,
- 1-mal im Jahr, aber seltener als 4-mal im Jahr,
- 4-mal im Jahr, aber seltener als 12-mal im Jahr,
- 12-mal im Jahr oder haufiger.

3.3.8.4 Feststellungen externer Prüfer und Interner Revision

Feststellungen von Wirtschaftsprüfern und der Internen Revision geben regelmäßig Aufschlüsse über Interne Kontrollsysteme oder Risikoaffinitäten der Organisationseinheiten, so dass es sich anbietet, bei der Erhebung und Bewertung der Risiken, diese Informationen entsprechend zu berücksichtigen.

3.3.8.5 Volatilität der Norm

Ziel der Konzeption des Risikomodelles ist es, aus den konkret erhobenen Regelungen und Vorgaben ein entsprechendes Risiko abzuleiten. Dabei dürfte sich das zu ermittelnde Compliance-Risiko fast ausschließlich aus der Nichteinhaltung einer Regelung oder Vorgabe ergeben. Diese Nichteinhaltung dürfte vorwiegend durch die falsche Anwendung oder verspätete Umsetzung der konkreten Norm geprägt sein, sodass die Volatilität einer Norm unmittelbar als risikoerhöhender Parameter in das Risikomodell mit aufgenommen werden sollte. Unter Volatilität einer Norm wird die Häufigkeit der Modifikation bzw. Unbeständigkeit von Vorgaben bzw. konkreten Regelungen verstanden.

3.3.8.6 Bankspezifisch oder nicht bankspezifische Regelungen und Vorgaben

Im Rahmen der Erhebung von wesentlichen Regelungen und Vorgaben wird dieses Kriterium bereits für die Teilerhebung herangezogen, um den Umfang der zu erhebenden Regelungen und Vorgaben für die MaRisk-Compliance-Funktion im Vorfeld einzugrenzen.[59] Entscheidet man sich aber für eine Vollerhebung, so bietet es sich an, ausgehend vom Regelungsgehalt der jeweiligen Norm, darauf abzustellen, ob es sich um ein abgeleitetes bankgeschäftsspezifisches Risiko oder um ein nicht bankgeschäftsspezifisches Risiko handelt. Einem bankgeschäftsspezifischen Risiko kann dann mit entsprechender Begründung eine risikoerhöhende Gewichtung innerhalb der Risikoanalyse zukommen.

3.3.8.7 IKS-Bewertung und Anweisungswesen

Die Wirksamkeit des Internen Kontrollsystems und die Qualität bzw. die Detailtiefe und der Umfang des internen Anweisungswesens kann ebenfalls als Risikoindikator für die Compliance-Risiken herangezogen werden. Gerade während der Erhebungen erscheint es sinnvoll, im Rahmen der Durchführung von fachbereichsinternen Workshops, eine Aufnahme interner Kontrollhandlungen vorzunehmen. Daneben ermöglicht die Begutachtung der fachbereichsinternen Anweisungen einen guten Gesamtblick auf mögliche Risiken.

59 Vgl. Kapitel 3.3.1, S. 29.

Das Fehlen oder die unzureichende Beschreibung von Kontrollhandlungen und Prozessbeschreibungen wären somit risikoerhöhende Faktoren.

3.3.9 Risikoanalyse (Risk and Control Assessment)

Um die compliance-relevanten Risiken im Institut zu kennen und die Tätigkeiten der ersten Verteidigungslinie zu erfassen und zu bewerten, müssen zunächst die Risiken identifiziert werden. Dies erfolgt im Rahmen eines Risk Assessments. Da sich verschiedene Fachbereiche in den Instituten mit der Risikoidentifizierung beschäftigen, sollte hier eine Abstimmung erfolgen und auf das gleiche Risikomodell[60] zurückgegriffen werden.

3.3.9.1 Risikoarten

Es stellt sich zudem die Frage wie Risiken institutsweit erhoben und bewertet werden können. Wie bereits erläutert, kann man das Compliance-Risiko gemäß den MaRisk auch weiter fassen. Hier käme ebenfalls die Erhebung und Bewertung der Risiken aus GwG/25c KWG in Betracht. Die Folge wäre eine gemeinsame einheitliche Risikoanalyse über compliance-nahe Risikoarten. Ebenso kann das Management der Operationellen Risiken mithilfe der gleichen Methodik betrieben werden. Das konzipierte Risikomodell sollte jeweils der Maßstab für die Erhebung und Bewertung sein. Eine einheitliche Vorgehensweise dürfte sowohl die Risikosensibilität der Mitarbeiter und damit auch die Compliance-Kultur im Institut fördern. Regelmäßig dürfte die einheitliche Vorgehensweise dazu führen, die erhobenen Risiken einer Risikokategorie konkret zuordnen zu können. Ebenfalls besteht nicht die Gefahr, dass die den identischen Sachverhalten entspringenden Risiken in verschiedenen Risikoanalysen bewertet werden. Auf die Umsetzungsmöglichkeit einer umfassenden Risikoanalyse wird in dem Kapitel „Implementieren" eingegangen.

3.3.9.2 Identifizierung

Das so genannte Compliance Risk Assessment (CRA) beschäftigt sich mit der Identifizierung und Bewertung von Risiken einer „Non-Compliance", d. h. der Nichteinhaltung von Gesetzen, externen Normen und unternehmensinternen Verhaltensgrundsätzen und -richtlinien.

60 Vgl. Kapitel 3.3.8, S. 65.

Die Identifizierung der Compliance-Risiken soll auf der Grundlage des Legal-Inventory erfolgen.

Zur **Bestimmung des Compliance-Risikos** sollten folgende Kriterien Berücksichtigt werden:

- Prozesskosten,
- Schadenersatzzahlungen,
- Aufklärungskosten,
- Strafzahlungen,
- Reputationsschäden,
- Feststellungen der Internen Revision und Wirtschaftsprüfer,
- Volatilität von Regelungen und Vorgaben,
- Bewertung IKS und Anweisungswesen.

Da insbesondere davon abgesehen wurde, das Compliance-Risiko mit den weiteren Risikoarten gemäß der MaRisk BTR 1 – 4 (Adressenausfallrisiko, Marktpreisrisiko, Liquiditätsrisiko, Operationelles Risiko) systematisch gleichzusetzen, bleibt abzuwarten, ob und inwieweit diese Risikoarten bei der Bestimmung des Compliance-Risikos ebenfalls berücksichtigt werden müssen.

Die folgende Liste führt beispielhaft und nicht abschließend generische Compliance-Risiken auf, die als Grundlage für eine **detaillierte Risikoidentifizierung** herangezogen werden können:

- strafbare Handlungen zu Lasten des Instituts,
- Beschäftigungspraxis und Arbeitsplatzsicherheit,
  - Verstöße gegen Arbeitsgesetze,
  - Gesundheits- und Sicherheitsbestimmungen,
  - Diskriminierung,
- Kundenbeziehung,
  - Anbahnung der Geschäftsbeziehung.
  - Durchführung von Transaktionen,
  - Kundendaten / Kundeninformationen,
  - Anlageberatung,
- Third Party Compliance,
- Melde- und Veröffentlichungspflichten,
  - Nichteinhaltung der rechnungslegungsspezifischen und steuerrechtlichen Anforderungen,
- Corporate Governance,
- Nichteinhaltung von bankaufsichtsrechtlichen Vorschriften,
  - §§ 18 – 19 KWG.

3.3.9.3 Bewertung

Nachdem Risiken identifiziert wurden, beginnt man mit der Bewertung der Einzelrisiken.

Die Auswirkungen eines „Non-Compliance-Risikos“ werden in der Praxis häufig auf die direkten oder indirekten Kosten beschränkt, die im Zusammenhang mit einem Reputationsverlust, mit Schadenersatzzahlungen, Strafzahlungen, Prozesskosten, einem (partiellen) Entzug der Erlaubnis zum Betreiben von Bankgeschäften, Aufklärungskosten sowie einer schlechteren Bewertung am Kapitalmarkt stehen. Dies ist zumindest in Teilbereichen wie z. B. dem Bankaufsichtsrecht nicht sachgerecht, da ein Verstoß gegen die Vorschriften durchaus auch zu erhöhten Risiken wie z. B. im Bereich des Marktpreisrisikos, des Adressenausfallrisikos und des Liquiditätsrisikos führen kann. Insoweit sollte die Bewertung alle möglichen Auswirkungen umfassen.

Die **Bewertung** eines Risikos sollte zwingend die folgenden zwei Einflussfaktoren berücksichtigen:

- Eintrittswahrscheinlichkeit,
- Schadenshöhe.

Abbildung 8: Bewertung eines Risikos

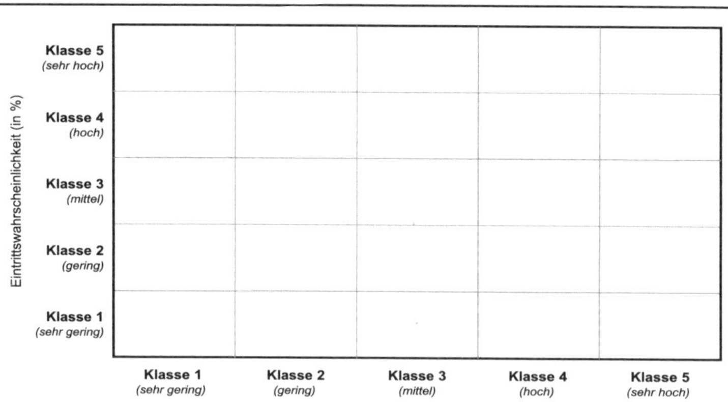

Quelle: Eigene Darstellung.

Die Eintrittswahrscheinlichkeiten können beispielsweise wie folgt klassifiziert werden:

Abbildung 9: Eintrittswahrscheinlichkeit

Eintrittswahrscheinlichkeit	Ausprägung	Verwendeter Mittelwert in der Grobbewertung
sehr gering	seltener als 1-mal in 5 Jahren	0,1-mal im Jahr (10% bzw. Faktor 0,1)
gering	1-mal in 5 Jahren, aber seltener als 1-mal im Jahr	0,3-mal im Jahr (30% bzw. Faktor 0,3)
mittel	1-mal im Jahr, aber seltener als 4-mal im Jahr	2-mal im Jahr (200% bzw. Faktor 2)
hoch	4-mal im Jahr, aber seltener als 12-mal im Jahr	7-mal im Jahr (700% bzw. Faktor 7)
sehr hoch	12-mal im Jahr oder häufiger	18-mal im Jahr (1800% bzw. Faktor 18)[62]

Quelle: Eigene Darstellung.

61 Sollte die geschätzte Schadenshäufigkeit in der Kategorie „sehr hoch" deutlich über dem Mittelwert liegen, sollte die tatsächliche Häufigkeit zugrunde gelegt werden.

Die Klassifizierung der Schadenshöhe könnte auf der Grundlage folgender Werte erfolgen:

Abbildung 10: Klassifizierung der Schadenshöhe

Erwarteter Bruttoschadenswert	Ausprägung	Verwendeter Mittelwert in der Grobbewertung
sehr gering	Bis 5 TEUR	3 TEUR
gering	5 bis 25 TEUR	15 TEUR
mittel	25 bis 50 TEUR	40 TEUR
hoch	50 bis 200 TEUR	125 TEUR
sehr hoch	Höher als 200 TEUR	250 TEUR[63]

Quelle: Eigene Darstellung.

Die Risikobewertung ist das Produkt aus Bruttoschadenswert (Mittelwert) und der Eintrittswahrscheinlichkeit (Mittelwert):

*Risikobewertung = Mittelwert Eintrittswahrscheinlichkeit * Mittelwert Bruttoschadenswert*

Ein Schaden kann einen direkten oder indirekten Verlust zur Folge haben. Bei der Ermittlung des Schadens sind Kontrollen und sonstige risikoreduzierende Maßnahmen zunächst außer Acht zu lassen. Nur so kann die Bedeutung der Kontrollen und der risikoreduzierenden Maßnahmen beurteilt und hervorgehoben sowie im Rahmen eines risikoorientierten Monitorings entsprechend berücksichtigt werden. Es ist daher zunächst das inhärente Risiko zu ermitteln.

62 Sollte der erwartete Schaden in der Kategorie „sehr hoch“ deutlich höher als der Mittelwert sein, dann sollte der tatsächlich erwartete Schaden zugrunde gelegt werden.

Im Einzelfall kann die Bestimmung der Eintrittswahrscheinlichkeit und der Schadenshöhe schwierig sein. Die Einstufung von Risiken in die Bewertungsmatrix muss ggf. „nach Erfahrungswerten und Bauchgefühl" erfolgen.

Neben den oben genannten Indikatoren zur Ermittlung der Risikobewertung können auch **weitere Faktoren** einfließen:

- externe Prüfungsfeststellungen,
- interne Prüfungsfeststellungen,
- Volatilität der Norm,
- bankenspezifisch / nicht bankenspezifisch,
- Bewertung IKS und Anweisungswesen.

Neben einer rechnerischen Auswirkung dieser Indikatoren, kann man es auch rein informatorisch an das jeweilige Risiko koppeln. Dies erleichtert eine Auswertung der Risiken und hilft den Fachbereichen bei einer Beurteilung.

3.3.9.4 Risk Owner

Um die Verantwortung und die Compliance-Kultur weiter zu prägen, kann es sinnvoll sein, zu den jeweiligen identifizierten Risiken Verantwortliche (sogenannte „Risk Owner") zu hinterlegen. Deren Aufgabe wäre es, das Risiko abschließend zu bewerten und das Residualrisiko zu verantworten. Der Risk Owner kann zum Beispiel im jeweiligen Fachbereich angesiedelt sein. Ein neutraler Risk Owner kann jedoch durchaus sinnvoller sein. Die Frage, die man sich hier stellen muss ist, wer letztendlich dieses Risiko zu verantworten hat. Hierzu ein kurzes Beispiel: Der Fachbereich kommt zum Ergebnis, dass das Risiko eines Betrugsfalls so gering ist, dass die Verankerung eines Vier-Augen-Prinzips entbehrlich ist. Dagegen kommt ein unabhängiger Risk Owner zu einer anderen Bewertung und „verlangt" ein solches. Es sollte klar geregelt werden, wie in diesem Fall zu verfahren ist. Das Beispiel zeigt auch, dass ein unabhängiger Risk Owner für ein effektives unabhängiges Risikomanagement notwendig sein kann.

3.3.10 Prozess- und IKS-Aufnahme

Je nach Grundausrichtung kann eine Bewertung des Internen Kontrollsystems (IKS) in das Risikomodell mit aufgenommen werden. Dieser Ansatz ist insofern von Bedeutung, da die MaRisk-Compliance-Funktion idealerweise Aussagen zur Angemessenheit und Wirksamkeit des Internen Kontrollsystems treffen sollte. Vor diesem Hintergrund erscheint es unumgänglich, dass die Mitarbeiter der MaRisk-Compliance-Funktion ein Verständnis für das Interne Kontrollsystem des jeweiligen Prüfungsgebietes gewinnen.

Hierbei sollte unterschieden werden zwischen den institutsweit wirkenden organisatorischen Maßnahmen zur Ausrichtung des IKS und dem fachbereichsinternen Kontrollhandlungen. Die übergeordneten Maßnahmen bzw. Koordination des IKS werden in den meisten Fällen durch zentrale Organisationseinheiten wahrgenommen, die häufig auch auf eine Ordnungsmäßigkeit der Aufbau- und Ablauforganisation im Sinne des AT 4.3.1 MaRisk hinwirken. Die konkreten Prüfungshandlungen zum Internen Kontrollsystem werden schwerpunktmäßig in den Geschäftsprozessen von den jeweils dezentral verantwortlichen Fachbereichen durchgeführt.

Im Folgenden sollen mögliche Ansätze und Kriterien aufgezeigt werden, mit deren Hilfe eine Erhebung und die Bewertung der Wirksamkeit eines Internen Kontrollsystems durchgeführt werden kann. Anschließend können die **Ergebnisse** einer Risikoanalyse zugeführt werden:

- institutsweite Prozesslandkarte vorhanden,
- Struktur und Qualität eines institutsweiten Anweisungswesen:
  - Zentrale Vorgaben für die Erstellung von Anweisungen,
  - Verteilung der jeweiligen Verantwortlichkeiten,
  - Einheitlichkeit der Anweisungen,
  - Verständlichkeit und Vollständigkeit.

Fachbereichsinterne Maßnahmen und Anforderungen:

- Umfang der Kontrolldokumentation (interne Anweisungen, Handbücher etc.),
- Kontrollausmaß und Kontrolldichte im Verhältnis zur operativen Kerntätigkeit,
- Art und Umfang der Kontrollhandlungen,
  - 1st-Line-Kontrollen (z. B. Selbstkontrollen, 4-Augen-Prinzip etc.),
  - Managementkontrollen (ggf. auf Team-, Abteilungs- Bereichsleitungsebene),
  - 2nd-Line-Kontrollen (z. B. durch Compliance, Recht, Risk-Office),
  - 3rd-Line- Kontrollen (Interne Revision),
  - WP-Prüfungen/Sonderprüfungen,
  - Feststellungen (Interne Revision und WP),
- Selbsteinschätzung der Organisationseinheiten zur Wirksamkeit des IKS.

Gerade weil diese Erhebungs- und Bewertungsherausforderung i. d. R. durch die Komplexität von (IT-)Kontrollprozessen und Kontrollhandlungen zunächst aufgrund des hohen Ressourcenaufwandes kaum umsetzbar erscheint, ist an dieser Stelle darauf hinzuweisen, dass es sich um einen „Best-Practice-Ansatz" handelt. Auch hier sollte ein institutsspezifischer, von der Compliance-Grundausrichtung abgeleiteter und risikobasierter Überwachungsansatz erarbeitet werden.

Bei der Erhebung bzw. Bewertung des Internen Kontrollsystems bietet sich eine enge Verzahnung mit der neuen Funktion nach AT 8.2 MaRisk an, die auf der Grundlage einer eigenen Wesentlichkeitsdefinition die Veränderungen von Strukturen und Prozessen und deren Auswirkungen auf interne Kontrollprozesse zu bewerten hat.

3.3.11 Vorhandene Abgrenzung zu relevanten Bereichen

Es liegt auf der Hand, dass sich infolge der Aufwertung der Compliance-Funktion als besondere Funktion im Sinne der MaRisk und als wesentlicher Bestandteil des Internen Kontrollsystems zugleich die Frage nach einer Abgrenzung zu den weiteren, im Rundschreiben genannten besonderen Funktionen – die Risikocontrolling-Funktion und die Interne Revision – stellt.[63] Allerdings geht die ausschließliche Konzentration auf die besonderen Funktionen der MaRisk nicht weit genug. So sind weitere Abteilungen und Bereiche der Institute intensiv zu betrachten, wie zum Beispiel die Rechtsabteilung, die IT-Abteilung, die Personalabteilung oder der Datenschutz. Gefördert durch das neue Zuständigkeitsgefüge der MaRisk-Compliance-Funktion ist es wichtig, etwaige Spannungsfelder bei der Implementierung, aber auch Synergien bereits zu Beginn zu identifizieren und kritisch zu würdigen. Neben Spannungsfeldern im Zusammenhang mit der institutsspezifischen Aufbauorganisation sind mögliche Problembereiche in der mangelnden und nicht eindeutigen Definition von Aufgaben, Kompetenzen und Verantwortungen begründet.

63 Vgl. hierzu AT 4.4 MaRisk.

Daher wird es entscheidend sein, wie sich die neue MaRisk-Compliance-Funktion im Institut gegenüber anderen Funktionen und Abteilungen positioniert und inwieweit die aufsichtsrechtlichen Neuerungen tatsächlich zu einer erhöhten Vorstandswahrnehmung führen. Gerade in mittelständischen Kreditinstituten besteht die Gefahr, dass die MaRisk-Compliance-Funktion eins zu eins mit der WpHG-Compliance-Funktion gleichgesetzt wird und die signifikant gestiegenen Anforderungen an die Compliance-Funktion vorstandsseitig „verharmlost" werden. Dabei haben Vertreter der BaFin beim diesjährigen Compliance-Forum des Bundesverbandes deutscher Banken am 16. Mai 2013 in Berlin betont, dass die MaRisk-Compliance-Funktion neben die bestehende Compliance-Funktion gemäß § 33 Abs. 1 Nr. 1 WpHG tritt und diese nicht ersetzt.

Dies vorangestellt wird im folgenden Kapitel die MaRisk-Compliance-Funktion einigen Unternehmensbereichen gegenübergestellt und ausgewählte Spannungsfelder identifiziert.

3.3.11.1 Organisationsinterne Spannungsfelder

3.3.11.1.1 Compliance und Recht

Eine in der Praxis bereits seit einigen Jahren diskutierte Frage ist, ob die Bereiche WpHG-Compliance und Recht in einer gemeinsamen Abteilung zusammengefasst werden sollten.[64] Betrachtet man die Aufgabenstellungen der beiden Bereiche, so sind unterschiedliche Schwerpunkte zu erkennen. Während die Rechtsabteilung insbesondere Beratungsleistungen in Bezug auf rechtskonformes Verhalten innerhalb des Instituts vornimmt und somit dem Schutz des Instituts verpflichtet ist, ist das zentrale Schutzgut der WpHG-Compliance-Funktion das Kundeninteresse und der Anlegerschutz. So ist gemäß BT 1.2.1 Tz. 3 MaComp eine zentrale Aufgabe der WpHG-Compliance-Funktion, dafür Sorge zu tragen, dass zur Wahrung der Kundeninteressen Interessenkonflikte bei der Erbringung von Wertpapierdienstleistungen und Wertpapiernebendienstleistungen vermieden werden. Nicht vermeidbaren Interessenkonflikten muss ausreichend Rechnung getragen werden.

64 Vgl. Röh (2010), S. 968.

Demgegenüber liegt das primäre Ziel einer Rechtsabteilung im Wesentlichen darin, das Institut vor zivilrechtlichen, aufsichtsrechtlichen oder strafrechtlichen Ansprüchen und Sanktionen und den daraus resultierenden Vermögensnachteilen sowie Reputationsschäden zu schützen.[65]

Betrachtet man nunmehr das Verhältnis zwischen der MaRisk-Compliance-Funktion und der Rechtsabteilung, ist zumindest in dem Blickwinkel „Institutsinteresse" ein gemeinsamer Anknüpfungspunkt für die laufende Tätigkeit zu erkennen. Ob und inwieweit sich bereits dadurch eine sinnvolle Kombination der MaRisk-Compliance-Funktion und der Rechtsabteilung herleiten lässt, wird im Folgenden kurz hinterfragt.

Die aufbauorganisatorische Kombination beider Abteilungen ist regelmäßig mit einem latenten Interessenkonflikt zwischen einer juristischen, geschäftsbegleitenden Beratung durch die Rechtsabteilung und dem Überwachungsauftrag der Compliance-Funktion verbunden.[66]

Dennoch beschäftigt sich die Rechtsabteilung durchaus mit Teilbereichen der Compliance-Funktion, nämlich u. a. mit der vorsorgenden Rechtsberatung bei compliance-relevanten Sachverhalten zur Vermeidung von aufsichtsrechtlichen Verstößen. Natürlich ist es angebracht, dass sich die Compliance-Funktion insoweit eine zum Teil sehr aufwendige und zeitintensive juristische Beurteilung sparen kann. Grundsätzlich ist allerdings zu berücksichtigen, dass diese Beurteilungen i. d. R. einzelfallbezogen sind, während sich die Compliance-Funktion darüber hinaus für eine Vielzahl denkbarer Verfahrensweisen zum Beispiel zur Prävention strafbarer Handlungen der Mitarbeiter verantwortlich zeigt.[67]

65 Vgl. Früh (2010), S. 122f.

66 Vgl. Röh (2010), S. 968.

67 Vgl. Arbeitskreis Externe und Interne Überwachung der Unternehmung der Schmalenbach-Gesellschaft für Betriebswirtschaft e.V. (AKEIÜ), Der Betrieb, Nr. 27/28/2010, S. 1516.

Insgesamt ist festzuhalten, dass beide Bereiche infolge ihrer unterschiedlichen Schwerpunkte bei der Erfüllung ihrer Aufgaben in Teilbereichen eine methodisch unterschiedliche Vorgehensweise haben. Während bei der Rechtsabteilung der Schwerpunkt auf der Beratung in Bezug auf rechtskonformes Verhalten liegt, wird von der Compliance-Funktion sehr konkret die aktuelle und zukünftige Verhinderung von nicht compliance-konformen Verhalten erwartet, was insbesondere ein proaktives, operatives Verhalten erfordert, das einem systematischen Ansatz folgt.[68]

Es ist davon auszugehen, dass die Rechtsabteilung und die MaRisk-Compliance-Funktion auch künftig beratende und risikoverhindernde Aufgaben in den Instituten übernehmen werden, die in Teilbereichen eng miteinander verbunden sind.[69] Allerdings ist zu erwarten, dass die Bearbeitung wesentlicher Rechtsverstöße weiterhin in der Rechtsabteilung verbleibt und nicht auf die neue MaRisk-Compliance-Funktion übertragen wird.

So erscheint eine Anbindung der MaRisk-Compliance-Funktion an die Rechtsabteilung nur in Ausnahmefällen vertretbar und auch nur unter der Voraussetzung, dass innerhalb eines gemeinsamen Bereiches eine aufbauorganisatorische Trennung von Recht und MaRisk-Compliance gewährleistet ist. Im Hinblick auf die grundsätzliche Möglichkeit, die WpHG-Compliance-Funktion an die MaRisk-Compliance-Funktion anzubinden, gilt es hierbei eine Anforderung der BaFin zu beachten. So sehen die MaComp in BT 1.3.3.3 MaComp eine Kombination der WpHG-Compliance-Funktion mit der Rechtsabteilung nur für Institute vor, die zum Beispiel aufgrund ihrer Unternehmensgröße oder angesichts der Art, Umfang, Komplexität oder des Risikogehalt der Geschäftstätigkeit von der in § 12 Abs. 4 S. 4 WpDVerOV dokumentierten Ausnahme Gebrauch machen können. Hingegen wird für größere Wertpapierdienstleistungsunternehmen oder solche mit komplexen Aufgaben eine solche Kombination grundsätzlich als nicht statthaft angesehen.

68 Vgl. Früh (2010), S. 124.
69 Vgl. Früh (2010), S. 125.

Vielmehr erscheint die Lösung sinnvoll, dass die Rechtsabteilung neben der MaRisk-Compliance-Funktion „unterstützende" Aufgaben wahrnehmen sollte, insbesondere bei der Bestimmung des Umfanges und der Wesentlichkeit der zu erhebenden Regelungen und Vorgaben.

3.3.11.1.2 Compliance und Datenschutz

In diesem Spannungsfeld wird seit einiger Zeit ein „klassischer" Zielkonflikt umfassend diskutiert, der die Anforderungen zur Sicherstellung der Datenschutzvorgaben den Pflichten zur Verhinderung von Geldwäsche, Terrorismusfinanzierung oder sonstiger strafbarer Handlungen gegenüberstellt. Während das Bundesdatenschutzgesetz (BDSG) von den Grundsätzen „Datenvermeidung und Datensparsamkeit"[70] geprägt ist und sich an dem Ziel ausrichtet, so wenig personenbezogene Daten wie möglich zu erheben, zu verarbeiten oder zu nutzen, verpflichtet der § 25c Abs. 2 KWG die Institute, angemessene Datenverarbeitungssysteme zu betreiben und fortlaufend zu aktualisieren. Soweit dies zur Erfüllung der vorstehend genannten Pflichten erforderlich ist, dürfen die Kreditinstitute personenbezogene Daten erheben, verarbeiten und nutzen. Ferner ist dem Geldwäschebeauftragten nach § 25c Abs. 4 Satz 6 KWG ungehinderter Zugang zu sämtlichen Informationen, Daten, Aufzeichnungen und Systemen zu verschaffen, die im Rahmen der Erfüllung seiner Aufgaben von Bedeutung sein können.

Diese Tatsachen sind bekanntermaßen nicht neu. So weisen bereits die Auslegungs- und Anwendungshinweise der Deutschen Kreditwirtschaft auf diesen potenziellen Interessenkonflikt hin.[71] Demnach soll der Geldwäschebeauftragte zur Vermeidung von Interessenkonflikten grundsätzlich nicht gleichzeitig mit den Aufgaben des Datenschutzbeauftragten beauftragt werden. Diese konkurrierenden Sichtweisen führen dazu, dass in der Praxis Zweifel dahingehend bestehen, ob eine Aufnahme der Datenschutzvorgaben im Aufgabenbereich der MaRisk-Compliance-Funktion überhaupt möglich ist.

---

70 Vgl. hierzu § 3a BDSG.

71 Vgl. Tz. 85 der Auslegungs- und Anwendungshinweise der DK zur Verhinderung von Geldwäsche, Terrorismusfinanzierung und „sonstigen strafbaren Handlungen" vom 16. Dezember 2011, S. 58.

Der Datenschutzbeauftragte wirkt auf die Einhaltung der datenschutzrechtlichen Vorgaben hin und hat insbesondere die ordnungsgemäße automatisierte Datenverarbeitung zu überwachen. So werden die Diskussionen über die Einhaltung der Anforderungen an den Datenschutz häufig durch Maßnahmen der Compliance-Funktion ausgelöst. Fakt ist, dass Compliance-Maßnahmen regelmäßig die Erhebung und Speicherung von personenbezogenen Daten implizieren und somit teilweise mit den Vorgaben des Datenschutzes konkurrieren. Gängige Rechtfertigung ist dabei der § 4 Abs. 1 BDSG, wonach die Erhebung, Verarbeitung und Nutzung personenbezogener Daten zulässig sind, soweit der Betroffene eingewilligt hat oder das BDSG bzw. andere Rechtsvorschriften dies erlauben oder anordnen.

Allerdings resultieren aus den vermeintlichen Konflikten zwischen den Kompetenzen und Zuständigkeiten der WpHG-Compliance- und Geldwäschebeauftragten sowie dem Datenschutzbeauftragten auch Chancen sich in der Praxis zielführend zu ergänzen. So wirkt der Datenschutzbeauftragte durch Sensibilisierungsmaßnahmen auf die Umsetzung datenschutzrechtlicher Erfordernisse im Institut hin, während die Compliance-Funktion die Ergebnisse einem aussagekräftigen Kontrollverfahren unterzieht und für eine zeitnahe Korrektur etwaiger Prüfungsfeststellungen durch die einzelnen Fachbereiche sorgt.

Daher dürfte eine Anbindung des Datenschutzbeauftragten gem. § 4 BDSG an die MaRisk-Compliance-Funktion zumindest nicht kategorisch ausgeschlossen sein und sollte jeweils institutsspezifisch hinterfragt werden. Eine wesentliche Voraussetzung ist natürlich, dass er in seiner Funktion, trotz disziplinarischer Anbindung innerhalb einer Bereichsorganisation auf dem Gebiet des Datenschutzes, fachlich unabhängig und weisungsfrei einem Vorstand unmittelbar unterstellt ist.

Abschließend ist in diesem Zusammenhang festzuhalten, dass sich die BaFin in den bisherigen Gesprächen des Fachgremiums MaRisk zu dieser Thematik sehr zurückhaltend geäußert hat und das Verhältnis der MaRisk-Compliance-Funktion zum Datenschutzrecht bislang aus der Diskussion ausgeklammert hat.

3.3.11.1.3 Compliance und Risikocontrolling

Neben der MaRisk-Compliance-Funktion ist in den neuen MaRisk als weitere besondere Funktion die Risikocontrolling-Funktion gefordert. Nach Maßgabe von AT 4.4.1 Tz. 1 MaRisk muss jedes Institut über eine Risikocontrolling-Funktion verfügen, die für eine unabhängige Überwachung und Kommunikation der Risiken zuständig ist. Dabei ist die Risikocontrolling-Funktion organisatorisch von den Bereichen zu trennen, die für die Initiierung bzw. den Abschluss von Geschäften zuständig sind. In mittelständischen Kreditinstituten ist eine mögliche Umsetzung, dass diese neue Funktion vom Leiter Controlling oder Leiter Risikomanagement übernommen wird.

Die zentralen Aufgaben der Risikocontrolling-Funktion werden in AT 4.4.1 Tz. 2 beschrieben. Ähnlich wie bei der MaRisk-Compliance-Funktion ergibt sich hier eine umfassende Unterstützungsfunktion gegenüber der Geschäftsleitung. Dies gilt insbesondere bei der Entwicklung und Umsetzung der Risikostrategie, bei der Ausgestaltung eines Systems zur Begrenzung der Risiken sowie bei der Einrichtung und Weiterentwicklung der Risikosteuerungs- und -controllingprozesse.

Anders als die Anforderungen und Aufgaben der MaRisk-Compliance-Funktion in AT 4.4.2 MaRisk sind die inhaltlichen Anforderungen an die Risikocontrolling-Funktion im Wesentlichen nichts Neues und waren auch im bisherigen MaRisk-Kontext von den Instituten zu beachten. Neu ist hingegen die gebündelte Darstellung innerhalb der MaRisk. Darüber hinaus ist der Leiter der Risikocontrolling-Funktion künftig bei wichtigen risikopolitischen Entscheidungen der Geschäftsleitung einzubinden.[72]

Für eine erste Standortbestimmung zu der Frage, wie sich die MaRisk-Compliance-Funktion und die Risikocontrolling-Funktion zueinander verhalten, hilft ein Blick in die derzeitigen Strukturen der mittelständischen Bankpraxis.

Insbesondere in kleinen Instituten ist zu beobachten, dass in Bezug auf Compliance und Risikocontrolling noch immer abgegrenzte und vollständig voneinan-

72 AT 4.4.1 Tz. 4 MaRisk.

der isolierte Abteilungsstrukturen bestehen. Somit ist eine Abstimmung bei der Erhebung, Analyse und Verarbeitung von identischen Informationen (z. B. Operationelle Risiken) oder die gemeinsame Nutzung von bestehenden Prozessen und Arbeitsabläufen nahezu unmöglich. Aufgrund mangelhafter Kommunikation untereinander und der getrennten Sammlung von Daten ist eine zeitnahe und konsolidierte Bereitstellung von wesentlichen risikopolitischen oder MaRisk-compliance-relevanten Informationen derzeit weder möglich noch vorgesehen.

Eine wesentliche Herausforderung ist daher die Schaffung von **Synergien** durch einen vernetzten Ansatz in der Zusammenarbeit von MaRisk-Compliance und Risikocontrolling. Vor diesem Hintergrund kommen beispielsweise folgende **Maßnahmen** in Betracht:

- Harmonisierung und gemeinsame Nutzung/Bearbeitung von gleichartigen Prozessen (z. B.: Entwicklung von Schadensfalldatenbanken, Durchführung von gemeinsamen Risk Assessments, gemeinsame Risikobewertung in Risikoworkshops, Definition von abgestimmten Reporting Standards),
- Festlegung und Spezifikation der Aufgabenbereiche inklusive einer eindeutigen Abgrenzung,
- vernetzte Vermittlung von wesentlichen Informationen an die Geschäftsleitung,
- Schaffung einer einheitlichen Prozessstruktur von Risikocontrolling- und Compliance-Arbeitsabläufen,
- Sicherstellung eines uneingeschränkten Zugriffs auf alle relevanten Unternehmensdaten.

Bei effizienter Nutzung dieser Maßnahmen können die internen Prozesse wirtschaftlicher ablaufen, da Risiko- und Kontrollverantwortlichkeiten eindeutig zugeordnet sind. Zudem werden Redundanzen in der Risikoberichterstattung abgebaut sowie Kontrollverstöße leichter identifiziert und dokumentiert. Insgesamt sind dies mögliche Ansatzpunkte um die Compliance-Kultur im Unternehmen nachhaltig zu fördern.[73]

Die vernetzte Zusammenarbeit beider Funktionen kommt wiederum dem erweiterten Anforderungskatalog der neuen MaRisk zu Gute, in dem sowohl die MaRisk-Compliance-Funktion als auch die Risikocontrolling-Funktion nach AT 8 MaRisk im Rahmen ihrer Aufgaben an wesentlichen Anpassungsprozessen zu beteiligen sind. Dies sind insbesondere die zeitnahe Einbindung in den Neu-Produkt-Prozess (AT 8.1 MaRisk) und die Beteiligung bei signifikanten Änderungen betrieblicher Prozesse oder Strukturen (AT 8.2 MaRisk).

Neben einer möglichst engen Zusammenarbeit und transparenten Kommunikation untereinander ist nach Auffassung der BaFin sogar eine direkte Anbindung der MaRisk-Compliance-Funktion an andere Kontrolleinheiten wie das Risikocontrolling grundsätzlich möglich ist. So verdeutlicht sie im BaFin-Journal März 2013, dass bei einer derartigen Umsetzung die speziellen Compliance-Vorgaben aus anderen compliance-relevanten Bereichen wie z. B. die direkten Berichtspflichten nach BT 1.2.2 MaComp oder die organisatorische Anbindung des WpHG-Compliance-Beauftragten beachtet werden müssen.

3.3.11.1.4 Compliance und Interne Revision

Gemäß AT 4.4.3 MaRisk muss jedes Kreditinstitut über eine funktionsfähige Interne Revision verfügen, die der Geschäftsleitung unmittelbar unterstellt und an diese berichtspflichtig ist. Als wesentliche Prüfungsobjekte der Internen Revision definieren die MaRisk das Risikomanagement und das Interne Kontrollsystem. So hat die Interne Revision risikoorientiert und prozessunabhängig die Wirksamkeit und Angemessenheit des Risikomanagements im Allgemeinen und des Internen Kontrollsystems im Besonderen sowie die Ordnungsmäßigkeit grundsätzlich aller Aktivitäten und Prozesse zu prüfen und zu beurteilen.[74] Dabei ist ihr zur Wahrnehmung ihrer Aufgaben ein vollständiges und uneingeschränktes Informationsrecht einzuräumen.[75]

73 Vgl. hierzu Kapitel 3.3.4, S. 43.

74 AT 4.4.3 Tz. 3 MaRisk.

75 AT 4.4.3 Tz. 4 MaRisk.

Die Internationalen Standards für die berufliche Praxis der Internen Revision (sog. „IIA-Standards") greifen diese weitreichende, strategische Ausrichtung der MaRisk auf und definieren die Interne Revision wie folgt:

„Die Interne Revision erbringt unabhängige und objektive Prüfungs- und Beratungsdienstleistungen, welche darauf ausgerichtet sind, Mehrwerte zu schaffen und die Geschäftsprozesse zu verbessern. Sie unterstützt die Organisation bei der Erreichung ihrer Ziele, indem sie mit einem systematischen und zielgerichteten Ansatz die Effektivität des Risikomanagements, der Kontrollen und der Führungs- und Überwachungsprozesse bewertet und diese verbessern hilft."[76]

Sowohl die MaRisk-Compliance-Funktion als auch die Interne Revision sind Kernelemente eines angemessenen und wirksamen Risikomanagements nach AT 1 MaRisk. Die MaRisk-Compliance-Funktion ist weiterhin Bestandteil des Internen Kontrollsystems und unterliegt der risikoorientierten und prozessunabhängigen Prüfung durch die Interne Revision.

Nach dem bisherigen Verständnis ist die Interne Revision die einzige Funktion, die prozessunabhängig vorgeht. So beurteilt die Interne Revision die von der Compliance-Funktion eingerichteten Maßnahmen und Kontrollen zur Einhaltung gesetzlicher und regulatorischer Vorgaben und prüft darüber hinaus die einzelnen Geschäftsbereiche, die auch in Teilen der Überwachung durch die Compliance-Funktion unterliegen. Die Interne Revision hat darüber Bericht zu erstatten, wenn nach ihrer Einschätzung keine sachgerechten Maßnahmen ergriffen werden.

Mit dem Unabhängigkeitskriterium wäre es aufsichtsrechtlich unvereinbar, wenn man die MaRisk-Compliance-Funktion direkt an die Interne Revision anbinden würde. Auch die Übernahme von Compliance-Aufgaben durch die Interne Revision ist ausgeschlossen, da keine prozessabhängigen Kontrollen durchgeführt werden dürfen. Diese prozessunabhängige Rolle der Internen Revision wurde im Rahmen der MaRisk-Novelle nochmals betont.

76 DIIR (2012), S. 5.

Wenngleich eine unmittelbare Anbindung der MaRisk-Compliance-Funktion an die Interne Revision aufsichtsrechtlich nicht vertretbar und zielführend ist, sind eine enge und wechselseitige Zusammenarbeit sowie eine transparente Kommunikation untereinander zwingend notwendig. Hierbei sind regelmäßige Abstimmungen zwischen der MaRisk-Compliance-Funktion und der Internen Revision ein erstes Instrument, um sich unter Verwendung von compliance-relevanten Prüfungsfeststellungen der Internen Revision oder Informationen zu Prüfungs-/Überwachungshandlungen und Prüfungsergebnissen der Compliance-Funktion auf direktem Weg zeitnah auszutauschen.

Dies gilt auch für den effizienten Einsatz und die Koordination von Ressourcen in Bezug auf die Prüfungsplanung und -durchführung sowie bei den laufenden Überwachungsaktivitäten. Auf diese Weise können redundante Aktivitäten vermieden werden. Darüber hinaus können sich beide Funktionen beratend bei der Analyse von komplexen compliance-relevanten Sachverhalten unterstützen.

Allerdings gibt es auch erhebliche Zielkonflikte und Spannungen, die zwingend zu berücksichtigen sind und eine konstruktive Zusammenarbeit regelmäßig erschweren. Festzustellen ist eine hohe Ressourcenbindung innerhalb der oft personell unterbesetzten Compliance-Funktionen durch regelmäßige Prüfungshandlungen der Internen Revision, die aber nicht selten bedingt sind durch entsprechende Feststellungen der Abschlussprüfer. Weiterhin ist trotz regelmäßiger Zusammenarbeit und gegenseitiger Projektunterstützungen die Unabhängigkeit beider Bereiche fortlaufend zu gewährleisten.

Ungeachtet dessen ist ein enger wechselseitiger Dialog zwischen beiden Funktionen notwendig, um das gemeinsame Ziel der Entwicklung und Implementierung einer wirksamen Überwachung der Einhaltung gesetzlicher und aufsichtsrechtlicher Vorschriften und Richtlinien zu gewährleisten. Darüber hinaus sollte die Kooperation der beiden Funktionen sowie die jeweiligen Tätigkeitsbereiche und Wirkungskreise im internen Überwachungssystem (prozessunabhängige versus prozessabhängige Kontrollinstanz) eindeutig definiert und die wesentlichen Schnittstellen bzw. Abgrenzungen dokumentiert werden, insbesondere um Redundanzen im Hinblick auf Prüfungshandlungen zu verhindern. Auch für die Förderung einer nachhaltigen Compliance-Kultur und die Stärkung der Akzeptanz der Gesamt-Compliance ist es wichtig, dass die neue MaRisk-Compliance-Funktion mit der „altbewährten" Internen Revision im Rahmen der jeweiligen Aufgaben eng zusammenarbeitet und insbesondere widerspruchsfrei kommuniziert.

Abschließend ist auf eine Gemeinsamkeit für sämtliche besonderen Funktionen nach AT 4.4 MaRisk hinzuweisen, die Einzug in die neue MaRisk gefunden hat und die den hohen Stellenwert der Funktionen unterstreicht. Sowohl bei einem Wechsel der Position des MaRisk-Compliance-Beauftragten als auch bei einem Wechsel der Leitung der Internen Revision oder der Risikocontrolling-Funktion, ist das Aufsichtsorgan zu informieren.[77] Dabei hat die Information des Aufsichtsorgans zeitnah zu erfolgen, nach derzeitigem Kenntnisstand spätestens bei Wiederbesetzung der jeweiligen Position.

3.3.11.2 Externe Spannungsfelder

3.3.11.2.1 Umsetzungsfristen der Aufsicht

Aus dem Anschreiben an die Verbände zur Veröffentlichung der Endfassung der MaRisk-Novelle vom 14. Dezember 2012 geht hervor, dass die neue Fassung der MaRisk mit Wirkung zum 01. Januar 2013 in Kraft tritt.

Ungeachtet dieser Fristsetzung sollte den Instituten trotzdem ein ausreichender Zeitraum zur Umsetzung zugesprochen werden. So sind Anforderungen, die im MaRisk-Kontext neu sind und nicht ausschließlich Klarstellungen schon vorhandener Anforderungen darstellen, bis zum 31. Dezember 2013 umzusetzen. Der Zeitraum bis dahin gilt als sanktionsfreie Zeit, d. h. die Institute müssen bis zu diesem Zeitpunkt bei Nichterfüllung der neuen Anforderungen nicht mit aufsichtsrechtlichen Konsequenzen rechnen. Allerdings wird von der BaFin vorausgesetzt, dass die Institute projektseitige Arbeiten frühzeitig beginnen, bereits vorhandene Mechanismen überprüfen und möglichst frühzeitig Verbesserungen an ihren Systemen und Verfahren vornehmen, soweit dies möglich und zielführend erscheint.

77 AT 4.4.1 Tz. 5, AT 4.4.2 Tz. 7 und AT 4.4.3 Tz. 6.

Konkretisierende Auslegungs- und Anwendungshinweise, wie es sie zum Beispiel von der DK[78] für die Verhinderung von Geldwäsche, Terrorismusfinanzierung und sonstiger strafbarer Handlungen gibt, soll es nach derzeitiger Aufsichtsmeinung mit einem Verweis auf die institutsinternen Besonderheiten nicht geben.

Voraussichtlich wird die Aufsicht zunächst die Implementierung der MaRisk-Compliance-Funktion in den Instituten prüfend begleiten. Nach Ablauf der Umsetzungsfristen dürften weitere Konkretisierungen der Anforderungen zu erwarten sein.

Gerade für die mittelständischen Unternehmen bedeutet dies einen teilweise hohen individuellen Bearbeitungsaufwand.

Ungeachtet dieser bislang wenig konkreten Vorgaben bleibt abzuwarten, was die Jahresabschlussprüfungen und die Aufsicht nach Ablauf der Umsetzungsfrist zum 31.12.2013 tatsächlich von der MaRisk-Compliance-Funktion erwarten.

3.3.11.2.2 Unbegrenzte Haftung der MaRisk-Compliance-Funktion?

Im Zusammenhang mit der MaRisk-Novelle und der Aufnahme der MaRisk-Compliance-Funktion als besondere Funktion kann der Eindruck, einer unbegrenzten Verantwortlichkeit der MaRisk-Compliance-Funktion für alle denkbaren Gesetze, Vorgaben und institutsinternen Regelungen entstehen. So weist u. a. die Deutsche Kreditwirtschaft (DK) in ihrer Stellungnahme zum Konsultationspapier 01/2012 darauf hin, dass die MaRisk-Compliance-Funktion eine strafrechtliche Garantenstellung begründen könnte. In der Folge könnte der Compliance-Beauftragte bei Nichteinschreiten strafrechtlich zur Verantwortung gezogen werden. Kritisch ist dabei insbesondere, dass je weiter und unbestimmter der compliance-relevante Überwachungsbereich gefasst wird, desto umfassender wäre auch die mögliche strafrechtliche Verantwortung des Compliance-Beauftragten, die Rechtsunsicherheit und ggf. das strafrechtliche Risiko.

78 Die Deutsche Kreditwirtschaft.

Dies vorangestellt rückt auch das viel beachtete Urteil des Bundesgerichtshofs (BGH) vom 17. September 2009 (5 StR 394/08) wieder in den Fokus der Diskussion. In diesem Urteil wurde der Leiter der Rechtsabteilung und zugleich Leiter der Internen Revision der Berliner Stadtreinigungsbetriebe wegen Beihilfe zum Betrug durch Unterlassung verurteilt.

Es stellt sich die Frage, ob und inwieweit die viel diskutierte Garantenhaftung des WpHG-Compliance-Beauftragten auch auf den „neuen" Compliance-Beauftragten nach MaRisk eins zu eins übertragen werden kann. Eine Übertragung dürfte nach dem derzeitigen Diskussionsstand mit überzeugenden Argumenten zu verneinen sein.

Die MaRisk-Compliance-Funktion im Sinne dieses Buches wird definiert als ein Instrument des Risikomanagements (Risikomanagementfunktion). Dabei ist das in den MaRisk geforderte Hinwirken auf die Implementierung wirksamer Verfahren nicht gleichzusetzen mit der Befugnis des WpHG-Compliance-Beauftragten, selbst geeignete und erforderliche vorläufige Maßnahmen zu treffen, um eine konkrete Gefahr insbesondere für die Beeinträchtigung von Kundeninteressen abzuwenden.[79] Für den MaRisk-Compliance-Beauftragten dürfte ausschließlich die Verpflichtung zur unverzüglichen Information der Geschäftsleitung bzw. der Führungskräfte bestehen.

Ein weiteres Argument für die unterschiedliche Betrachtungsweise aus Haftungsgesichtspunkten ist, dass der zentrale Schutzzweck der MaComp das Kundeninteresse und somit der Anlegerschutz ist, während beim Schutzzweck der MaRisk die Institutsinteressen im Vordergrund stehen.

Zumindest hat die BaFin mittlerweile klargestellt, dass die Geschäftsleiter und die Geschäftsbereiche, unbeschadet der Aufgaben der MaRisk-Compliance-Funktion, für die Einhaltung rechtlicher Regelungen und Vorgaben uneingeschränkt verantwortlich bleiben. Dennoch begründet AT 4.4.2 MaRisk einen sehr weitreichenden und ungewissen Anwendungsbereich. Wichtig in diesem Zusammenhang dürften festgelegte und dokumentierte Zuständigkeiten und

79 Vgl. § 12 Abs. 3 S. 2 WpDVerOV und Kapitel 5.2.

Verantwortlichkeiten werden, auf die eine MaRisk-Compliance-Funktion zwingend hinwirken sollte.

Wenngleich aus den o. g. Gründen eine mögliche Garantenstellung des MaRisk-Compliance-Beauftragten derzeit eher zu verneinen ist, bleibt dennoch abzuwarten, ob dieser Ansatz auch den Vorstellungen der Bankenaufsicht und der Rechtsprechung entsprechen wird. Von besonderem Interesse wird sein, inwieweit der neue Aufgabenbereich „Verbraucherschutz-Compliance" hier Eingang findet. Dabei werden insbesondere die Verbraucherschutzvorgaben mit Bezug auf das Kreditgeschäft noch zu weitreichenden Diskussionen zwischen Bankenaufsicht und den Instituten führen. Würde es in einigen Jahren dazu kommen, dass der Verbraucherschutz ähnlich granular ausgestaltet in den Fokus der Aufsicht rückt, wie bereits heute die „operative" WpHG-Compliance nach den MaComp, dann müsste die Frage nach einer Garantenstellung des MaRisk-Compliance-Beauftragten unter Umständen neu gestellt werden.

3.3.12 Berichtswesen

Auch die MaRisk-Compliance-Funktion hat mindestens jährlich sowie anlassbezogen der Geschäftsleitung über ihre Tätigkeit Bericht zu erstatten gemäß AT 4.4.2 Tz. 6 S. 1 MaRisk. Die Ausführungen zur Berichtspflicht der neuen MaRisk-Compliance-Funktion haben in der Praxis viele Fragen aufgeworfen. Die BaFin weist aber explizit darauf hin, dass die im Anschreiben vom 14.12.21012 zur MaRisk-Novelle 2012 genannten Rechtsbereiche unter Compliance-Gesichtspunkten adressiert werden sollten und eine entsprechende Berichterstattung an die Geschäftsleitung erfolgen müsse.[80] Auch wenn eine dezentrale Wahrnehmung der Compliance-Tätigkeiten für die genannten Rechtsbereiche nicht ausgeschlossen wird, bietet sich die einheitliche Berichterstattung ebenso an wie die Bündelung der compliance-relevanten Aktivitäten innerhalb einer Funktion.[81]

---

80 Vgl. hierzu das Anschreiben vom 14.12.2012 zur MaRisk-Novelle 2012 – Veröffentlichung der Endfassung.

81 Vgl. hierzu das Anschreiben vom 14.12.2012 zur MaRisk-Novelle 2012 – Veröffentlichung der Endfassung.

Der MaRisk-Compliance-Beauftragte ist für die Berichte an die Geschäftsleitung und das Aufsichtsorgan verantwortlich. Die Berichte sind auch an das Aufsichtsorgan und die Interne Revision weiterzuleiten. Eine Verpflichtung des MaRisk-Compliance-Beauftragten, den Jahresbericht ohne vorherige Information der Geschäftsleitung unmittelbar an das Aufsichtsorgan zu übergeben, besteht nicht. Weitere anlassbezogene Ad-hoc-Berichte können im Einzelfall erforderlich sein. Die Weiterleitung des Berichts an das Aufsichtsorgan sollte aber grundsätzlich durch die Geschäftsleitung erfolgen. Unbeschadet dessen, kann der Vorsitzende des Aufsichtsorgans unter Einbeziehung der Geschäftsleitung direkt beim MaRisk-Compliance-Beauftragten Auskünfte einholen.

Es wird empfohlen, sich im Rahmen der Berichterstattung gemäß AT 4.4.2 Tz. 6 MaRisk an den Anforderungen an die Berichtspflichten für die Rechtsbereiche WpHG sowie GwG/25c KWG zu orientieren. Das heißt, Überstimmungen wesentlicher Bewertungen und Empfehlungen des MaRisk-Compliance-Beauftragten durch die Geschäftsleitung sind in dem MaRisk-Bericht aufzunehmen. Ebenfalls sind durch die Geschäftsleitung veranlasste, inhaltliche Änderungen des Berichts gesondert zu dokumentieren. Über sämtliche Änderungen ist der Vorsitzende des Aufsichtsorgans zu informieren.[82]

3.3.12.1 Berichtsinhalte

Gemäß AT 4.4.2 Tz. 6 S. 2 MaRisk ist im Bericht auf die Angemessenheit und Wirksamkeit der Regelungen zur Einhaltung der wesentlichen rechtlichen Regelungen und Vorgaben einzugehen. Ferner hat der Bericht auch Angaben zu möglichen Defiziten sowie Maßnahmen für deren Behebung zu enthalten. Auch diese Anforderungen orientieren sich an den bereits bestehenden Anforderungen aus den MaComp.

Der Bericht soll insbesondere Angaben enthalten, ob geeignete Maßnahmen getroffen wurden, um Verstöße des Institutes oder seiner Mitarbeiter gegen wesentliche Regelungen und Vorgaben zu beheben oder Risiken solcher Verstöße zu beseitigen.

82 Siehe MaComp BT 1.2.2 und DK-Hinweise Auslegungs- und Anwendungshinweise der DK zur Verhinderung von Geldwäsche, Terrorismusfinanzierung und „sonstigen strafbaren Handlungen", Tz. 84.

Die Berichtsinhalte sollten sich ebenfalls eng an den Vorgaben aus den MaComp und § 25c KWG/GwG orientieren, insbesondere wenn eine organisatorische Eingliederung der WpHG-Compliance-Funktion und der Geldwäschepräventions-Funktion gewählt wurde.

Vor diesem Hintergrund sollte der MaRisk-Compliance-Bericht folgende **Angaben** enthalten:

- Angemessenheit der Personal- und Sachausstattung,
- wesentlicher Schriftwechsel mit den zuständigen Aufsichtsbehörden,
- Beschreibung erforderlicher Maßnahmen und Strategien zu denen im Berichtszeitraum gewonnene Erkenntnisse Anlass geben,
- Angemessenheit und Wirksamkeit der Regelungen zur Einhaltung gesetzlicher Bestimmungen und sonstiger Vorgaben,
- Angaben zu festgestellten Mängeln und der Angemessenheit der getroffenen Maßnahmen zur Behebung dieser Mängel.

Letztendlich dürfte bei der Berichtspflicht nach AT 4.4.2 Tz. 6 MaRisk zunächst entscheidend sein, regelmäßig die Erkenntnisse zu den „als wesentlich eigestuften Regelungen und Vorgaben" darzustellen bzw. zu bestätigen. Darüber hinaus müssen die wesentlichen Risikoindikationen aufgezeigt und präventive Maßnahmen beschrieben werden. Auch in diesem Zusammenhang kann auf eine entsprechende Dokumentation von compliance-relevanten Organisationseinheiten verwiesen bzw. Bezug genommen werden.

3.3.12.2 Anlassbezogene Berichterstattung

Es sind Kriterien festzulegen, die eine anlassbezogene Berichterstattung auslösen. Neben allen strafrechtlich relevanten Sachverhalten sind die Fälle von Non-Compliance dem Vorstand unverzüglich zu melden, deren Schadenshöhe der Risikoklasse „mittel" oder höher zuzuordnen ist oder die in sonstiger Weise wesentliche Schwächen in der ersten Verteidigungslinie offenbaren.

3.3.13 Erstellung Überwachungsplan

Um Kontrollmaßnahmen im Rahmen der MaRisk-Compliance-Funktion durchführen zu können, sollte auch die MaRisk-Compliance-Funktion einen Überwachungsplan bzw. Abarbeitungsplan für die als wesentlich identifizierten Rechtsbereiche erstellen. Dieser sollte mit Hilfe der Risikomessung, einer Auswertung bestehender Reports und einer segmentbezogenen Risikoanalyse sowie mit beratender Unterstützung der Internen Revision entwickelt werden. In diesem Zusammenhang sollten Schnittmengen herausgearbeitet und die notwendigen Kontrollhandlungen in den jeweiligen Teilsegmenten risikobasiert priorisiert werden.

Für die **Aufstellung** eines solchen risikoorientierten **Überwachungsplanes** empfiehlt sich die Orientierung u. a. an folgenden Kriterien:

- Ergebnis des Risikoanalyse,
- Wirksamkeit des Internen Kontrollsystems,
- Komplexität des zu überwachenden Rechtsbereiches,
- Änderungen der Regelungen und Vorgaben innerhalb des Rechtsbereiches bzw. der Prozesse,
- vorhandene Mitarbeiterkapazitäten,
- konkrete Hinweise auf Probleme,
- Ergebnisse vorausgegangener Prüfungen.

Bei der Erstellung eines Überwachungs- bzw. Abarbeitungsplans sollte zunächst das Kontrollgebiet benannt und die konkreten Überwachungshandlungen beschrieben werden. Ebenfalls sollten sich aus dem Überwachungs-

bzw. Abarbeitungsplan die Kontrollart (System- oder Funktionsprüfung) und das Ergebnis der Risikoanalyse ergeben. Zuletzt ist der Prüfungsturnus (Quartal, Halbjahr, Jahr etc.) zu bestimmen und die prüfenden Mitarbeiter zu benennen (Compliance-Mitarbeiter bzw. Fachbereiche).

Der Überwachungs- bzw. Abarbeitungsplan sollte zwingend die bereits bestehenden Überwachungspläne (z. B.: Datenschutz, WpHG-Compliance) innerhalb des Instituts berücksichtigen. Er ist jährlich zu aktualisieren. Aktualisierungen sind zu begründen und Ergebnisse zu dokumentieren. Die Ergebnisse sollten zusammengefasst in das jährliche Berichtswesen einfließen.

3.3.14 Schulungen

Die MaRisk-Compliance-Funktion sollte eine Bewertung des institutsweiten Schulungskonzeptes vornehmen können. Hierzu zählen Schulungen zum Umgang mit Rechtsrisiken wie auch produktbezogene Schulungen.

Zu den Schulungen zum **Umgang mit Rechtsrisiken** zählen u. a.:

- Schulungen zur Geldwäscheprävention,
- Datenschutzschulungen,
- Schulungen zum rechtssicheren Vertrieb von Kapitalmarktprodukten,
- Schulungen zum Allgemeinen Gleichbehandlungsgesetz (AGG),
- Schulungen für Mitarbeiter mit Personalverantwortung,
- Schulungen zu sonstigen institutsspezifischen Rechtsrisiken.

Je nach Ausgestaltung des Schulungskonzeptes kann die MaRisk-Compliance-Funktion entweder aktiv an der Gestaltung und Durchführung der Schulungen mitwirken oder lediglich koordinierende Funktionen übernehmen und im Rahmen dessen die ordnungsgemäße Durchführung sicherstellen. Sämtliche durchgeführten Schulungen sind zu dokumentieren. Die Teilnahmebestätigungen der Mitarbeiter sind idealerweise zentral aufzubewahren. Schulungsinhalte müssen stets aktuell sein und sind anlassbezogen einer Qualitätssicherung zu unterziehen.

Ziel eines Schulungskonzeptes ist die Integration und Weiterbildung von Mitarbeitern, damit sie über die für ihre Aufgabe vorgesehene Qualifikation verfügen. Darüber hinaus dient das Schulungskonzept zur Haftungsvermeidung für die Mitarbeiter und das Institut selbst.

4 Implementieren

Nachdem in den vorherigen Kapiteln rechtliche Anforderungen und konkrete praktische Vorüberlungen für eine umfangreiche Konzeption vorgestellt wurden, wird an dieser Stelle auf die Implementierung der einzelnen Teilaspekte eingegangen. Dieses Kapitel soll Möglichkeiten zur Implementierung aufzeigen, d. h. was ist konkret zu tun, um eine MaRisk-Compliance-Funktion gemäß der oben aufgezeigten Konzeptionierung einzurichten?

Keywords: Einrichtung der Funktion, Organisation, Struktur, Risikoanalyse, Erhebungstechnik, Kommunikation, Implementieren

4.1 Umfang der zu betrachtenden Regularien

Wie bereits oben beschrieben[83] handelt es sich bei der Frage nach dem Umfang der zu erhebenden Vorgaben und Regelungen um eine derzeit sehr kontrovers diskutierte Frage. Hier gilt es, sich aus Sicht der MaRisk-Compliance-Funktion für eine Voll- oder Teilerhebung zu entscheiden.[84] Jede Entscheidung sollte hinreichend begründet und dokumentiert werden. Im Rahmen eines internen oder externen Projektes sollten Mitarbeiter aus der bestehenden Compliance-Funktion oder einem compliance-nahen Fachbereich bestimmt werden, die eine solche Erhebung koordinieren und vorantreiben. Sämtliche Fortschritte während der Erhebungsphase sowie sämtliche Entscheidungen, die im Zusammenhang mit der Ausgestaltung der MaRisk-Compliance-Tätigkeiten stehen, sollten innerhalb der verantwortlichen Gremien und mitwirkenden Fachbereiche dokumentiert werden.

83 Vgl. Kapitel 3.1.1, S. 27.

84 Vgl. Kapitel 3.3.1, S. 29ff.

4.2 Organisatorische Einrichtung MaRisk-Compliance-Funktion

Die organisatorische Einrichtung der MaRisk-Compliance-Funktion sollte sich an der institutsspezifischen Aufbauorganisation orientieren, wobei empfohlen wird, die MaRisk-Compliance-Funktion in vorhandene compliancenahe Einheiten (z. B.: Beauftragtenwesen, WpHG-Compliance etc.) einzugliedern. Gerade Methodik und Zusammenspiel zwischen Prüfungs- und Beratungsansatz und Berichtsfunktion sprechen für eine Zusammenlegung der Organisationseinheiten von originärer Compliance-Funktion (WpHG, GWG/Zentrale Stelle nach 25c KWG, ggf. IT-Compliance) und der neuen MaRisk-Compliance-Funktion. In diesem Zusammenhang wird auf die bereits oben vorgestellten zwei alternativen Organisationsmodelle verwiesen, die sich in der Praxis bei originären Compliance-Funktionen bewährt haben.[85]

Darüber hinaus besteht die Möglichkeit der Einrichtung einer Komitee-Organisation. Als Mitglieder eines solchen Compliance-Komitees kommen sämtliche rechts- und prüfungsnahen Organisationseinheiten und Stabsstellen (sog. legalitätskoordinierende Einheiten) sowie die risikonahen operativen Geschäftsbereiche in Betracht. Aufgabe der MaRisk-Compliance-Funktion sollte es sein, entsprechende Themen aufzubereiten, Termine zu koordinieren sowie Entscheidungen und Beschlüsse zu erwirken.

4.3 Compliance-Kultur

Die Compliance-Kultur gilt als wesentliches Ziel der Implementierung des neuen Moduls AT 4.4.2 der MaRisk. Hier werden einige praktische Umsetzungsmöglichkeiten aufgezeigt, wie eine Steigerung der Compliance-Kultur erreicht werden kann.

---

85 Vgl. Kapitel 3.3.2.1, S. 35.

4.3.1 Tone at the Top

Nachdem bereits im Kapitel „Konzipieren" kurz auf die Grundprämissen des „tone at the top" eingegangen wurde[86], gilt es nun, dieses Prinzip in die Praxis überzuleiten. Ferner ist die Frage zu beantworten, was für Auswirkungen sich für die Implementierung einer MaRisk-Compliance-Funktion in einer mittelständischen Bank ergeben?

Losgelöst von etwaigen wissenschaftlichen Definitionen, kann die Kernaussage des „tone at the top" wie folgt zusammengefasst werden:

Die Mitarbeiter folgen den Beispielen ihrer Vorgesetzten.

Daher ist es insbesondere in kleineren Unternehmen mit teilweise historisch gewachsenen Führungsstrukturen entscheidend, dass der „tone at the top" durch die Führungskräfte personifiziert, transportiert und gelebt wird. Als wichtige Multiplikatoren erreichen die Führungskräfte zahlreiche Mitarbeiter und können dadurch großen Einfluss ausüben. Auf diese Weise wird ihr Verhalten durch die Mitarbeiter weitgehend reflektiert.

Dies kann zum Beispiel gefördert werden, indem die MaRisk-Compliance-Funktion durch gezielte Workshops oder Schulungsmaßnahmen für Führungskräfte das Compliance-Bewusstsein schärft.

Ein weiterer Ansatzpunkt ist, dass die aus den neuen MaRisk resultierenden internen Richtlinien und Arbeitsanweisungen gezielt durch den Vorstand oder die Führungskräfte im Unternehmen kommuniziert und an die Mitarbeiter übermittelt werden. Auf diese Weise dürfte die Akzeptanz der Neuerungen beschleunigt und deren hohe Priorität dokumentiert werden.

4.3.2 Weitere einzelne Maßnahmen

Nachdem das „tone at the top-Prinzip" als das Kernelement der Compliance-Kultur umfassend erläutert worden ist, wird nun auf weitere einzelne aber effektive Maßnahmen eingegangen.

---

86 Vgl. hierzu die Ausführungen im Kapitel 3.3.4.1, S. 44.

4.3.2.1 Risk Assessment

Das eigentliche Risk Assessment als Compliance-Maßnahme steigert auch das Bewusstsein für eine notwendige Compliance. Dadurch, dass diese mit den Fachbereichen zusammen durchgeführt werden, werden die Mitarbeiter aus den Fachbereichen intensiv in Bezug auf compliance-relevante Aspekte sensibilisiert. Da viele Fachbereiche in der Vergangenheit nicht mit diesen Maßnahmen konfrontiert waren, steigert das Assessment das Bewusstsein für eine gemeinsame Sichtweise und sorgfältige Vorgehensweise im Umgang mit Risiken. Ziel sollte es sein, im Rahmen des gemeinsamen Risk Assessments gemeinsame Ziele zu definieren und dem Fachbereich seinen individuellen Nutzen aufzuzeigen.

4.3.2.2 Service-Gedanke

Compliance sollte sich als eine Service-Einheit verstehen und diesen Ansatz regelmäßig kommunizieren und leben. Anfragen sollten mit der notwendigen Gewissenhaftigkeit und Genauigkeit möglichst zeitnah beantwortet werden. Der Compliance-Beauftragte ist sowohl Berater in aufbau- und ablauforganisatorischen Zweifelsfragen, für rechtskonforme Prozesse und Strukturen als auch für konkrete compliance-rechtliche Einzelfragen (z. B. Anfragen in Bezug auf die Annahme von Geschenken).

4.3.2.3 Präsenz

Compliance muss wahrgenommen werden. Ein Compliance-Beauftragter sollte institutsweit bekannt sein und idealerweise der zweiten Führungsebene angehören. Gibt es keinen Compliance-Beauftragten, ist eine Compliance-Funktion nicht wirksam und somit dürfte auch kein wirksames Compliance-Management bestehen. Möglichkeiten zur Steigerung der Bekanntheit der Compliance-Funktion sind zum Beispiel eine Präsentation des Bereichs und der Aufgaben im Intranet, regelmäßige Schulungsmaßnahmen (auch vor Ort in den Geschäftsstellen bzw. Niederlassungen) oder die laufende Information der Mitarbeiter über aktuelle aufsichtsrechtliche und compliance-relevante Themen.

4.3.2.4 Vernetzung

Um die compliance-relevanten Anliegen im Institut zu implementieren sind strategische Verbindungen mit anderen relevanten Bereichen von hoher Bedeutung. Hierzu zählen insbesondere die Prozessorganisation, das Risikomanagement, die Rechtsabteilung und die Interne Revision. Durch ein gemeinsames vernetztes Auftreten und einer abgestimmten Vorgehensweise dieser Bereiche können viele notwendige Aspekte der Geschäftsführung nachhaltig erläutert und eine Implementierung institutsweit erleichtert werden.

Zusammenfassend kann man sagen, dass folgende Aspekte im Vordergrund stehen sollten, um bei den Mitarbeitern die geplanten **Compliance-Maßnahmen** zu implementieren:

- gemeinsame Sprache und gemeinsame Ziele,
- Nutzung vorhandener Strukturen und Modelle,
- Herstellung der Transparenz und Vertrauenswürdigkeit,
- Optimierung der Prozesse,
- Steigerung der Effektivität und Effizienz.

Eine gute Compliance-Kultur (Compliance-Programm, Compliance-System) wird jedoch erst daran erkannt, dass sie sämtliche Unternehmensbereiche durchdringt. Der Compliance-Gedanke sollte daher durch eine Stärkung des Compliance-Bewusstseins mithilfe der Anwendung diverser Kommunikationsmethoden in sämtlichen Unternehmensstrukturen implementiert werden, um auf diese Weise die geeignete Compliance-Kultur herzustellen.

4.4 Compliance-Risiko

Wie kann man die Erkenntnisse aus der Konzeptionsphase nutzen, um das Compliance-Risiko klar von anderen Risikoarten abzugrenzen? Macht diese strikte Abgrenzung überhaupt Sinn oder ist diese Vorgehensweise nicht zu empfehlen?

Es soll hier eine Möglichkeit aufgezeigt werden, wie die Vernetzung der einzelnen Risikoarten gelingen kann.

Was sich wie ein roter Faden durch dieses Buch zieht, ist die Sichtweise auf die neuen Anforderungen dahingehend, dass das „neue" Compliance-Risiko schon immer auf eine gewisse Art für Spezialgesetze existiert hat. Die MaComp nennen diese Risiken jedoch noch nicht explizit Compliance-Risiken. Da dieses Buch hauptsächlich die mittelständischen Banken ansprechen soll, gilt es hier, möglichst viele Synergien aus bisherigen Strukturen und Prozessen in den Instituten zu nutzen. Wie schon intensiv verdeutlicht, werden die folgenden Risiken als für Compliance wesentlich definiert.

4.4.1 „MaRisk"-Compliance-Risiko

Dieses Risiko ist das Risiko der Nichteinhaltung einer für das Institut allgemein als wesentlich eingestuften Regelung oder Vorgabe. Dieses Risiko kann theoretisch in jedem Bereich des Unternehmens auftreten. Neben den klassischen Risikofeldern sind hier zunächst alle Bereiche eines Instituts mit Blick auf Rechts- und Compliance-Risiken zu betrachten und zu bewerten.

4.4.2 „WpHG"-Compliance-Risiko

In dieser Risikoart werden die Risiken konkreter gefasst und finden sich auch in den speziellen Gesetzen wieder. Hierunter fällt konkret das Risiko einer Rechtsverletzung im Rahmen des Umfeldes des Wertpapiergeschäftes. Originär wird dieses Risiko in § 33 Abs. 1 (1) i. V. m. § 12 Abs. 1 und 2 WpDVerOV genannt. Diese Risikoart konkretisiert das allgemeinere MaRisk-Compliance-Risiko und ist somit ein Bestandteil dessen. Die Frage, die man sich an dieser Stelle berechtigter Weise stellen muss, ist die, wer nun für welche Risiken complianceseitig zuständig ist.

4.4.3 „§ 25c KWG"-Compliance-Risiko

Das hier betrachtete Risiko ergibt sich aus § 25c KWG Abs. 1 i. V. m. § 9 GwG und § 3 Abs. 4 GwG. Es prägt sich dahingehend aus, dass Kunden die Kreditinstitute für Formen der Geldwäsche oder Terrorismusfinanzierung missbrauchen. Des Weiteren wird hier das Risiko von strafbaren Handlungen durch Mitarbeiter, externe Kunden und Dienstleister betrachtet.

4.4.4 „OpRisk"-Compliance-Risiko

An dieser Stelle der Risikodefinition wird es schwer, eine klare Abgrenzung vorzunehmen. Betrachtet man beispielsweise das Operationelle Risiko des Ausfalls eines Bankservers. Dieses ist zunächst ein klassisches Operationelles Risiko. Jedoch mit einer weiter gefassten Risikobetrachtung kann dies schnell zu einem Compliance-Risiko werden. Sollte der Server mehrere Tage oder je nach Ausgestaltung mehrere Stunden ausfallen, kann die Bank schnell einen Reputationsschaden erleiden. Je nachdem drohen ggf. auch Schadensersatzzahlungen durch betroffene Kunden. Hier nähert man sich bereits den originären Compliance-Themen. Ein weiteres Beispiel ist der Bereich der Datenqualität, der grundsätzlich den Operationellen Risiken zuzuordnen ist. Sollte in diesem Bereich jedoch das Problem entstehen, dass aufgrund einer schlechten Datenqualität gesetzliche und aufsichtsrechtliche Anforderungen nicht erfüllt werden können, befindet man sich auch hier im Compliance-Umfeld, wenn nicht sogar im Kernbereich der MaRisk-Compliance. Wie diese Beispiele zeigen, erfordert diese Risikoabgrenzung eine klare Linie.

Sollte es ein intensives OpRisk-Management noch nicht geben, kann die MaRisk-Compliance-Funktion aufgrund der schwierigen Abgrenzung und gleichgearteten Risikomodelle durchaus die Aufgaben des OpRisk-Managements übernehmen. Wie bereits erläutert, kann aus einem „klassischen" Operationellen Risiko schnell ein Compliance-Risiko entstehen. Infolgedessen könnte durchaus die Erhebung von Operationellen Risiken durch die MaRisk-Compliance-Funktion vorgenommen werden.

Alle vorstehend genannten Risiken zuzüglich des Reputationsrisikos werden unter dem Begriff „Compliance-Risiko" zusammengefasst. Aufgabe der MaRisk-Compliance-Funktion oder der einzelnen Compliance-Funktionen ist es nunmehr, diesen Risiken entgegenzuwirken und sie auf ein angemessenes Restrisiko zu minimieren. Im Rahmen des Risk and Control Assessments sollten sämtliche Risiken betrachtet werden.

4.5 Legal-Inventory

Im Rahmen der Konzeption wurde bereits auf den grundsätzlichen Aufbau und die prozessualen Grundanforderungen für das Legal-Inventory eingegangen.

Im Rahmen der Erkenntnisse der institutsinternen Konzeptionsphase sind für die jeweiligen Institute ggf. noch die eine oder andere Ergänzung für das Legal-Inventory zu definieren.

Ein Legal-Inventory dient zur Erfassung aller für die Bank relevanten Normen und Regularien. Hier gibt es jedoch in der praktischen Umsetzung verschiedenste Vorgehensweisen, wie das Legal-Inventory durchgeführt werden kann. Einige Ansatzpunkte für ein Legal-Inventory werden im folgenden Kapitel beschrieben.

An dieser Stelle soll nochmal auf die drei Verteidigungslinien verwiesen werden, um zu betonen, dass grundsätzlich die Fachbereiche für die Erstellung, Führung und Aktualisierung des Legal-Inventory zuständig sind. Aufgrund des Beratungsansatzes, der noch eingehend beschrieben wird, dürfte allerdings die Pflicht für die MaRisk-Compliance-Funktion bestehen, diesen Prozess zu begleiten bzw. auf diesen einzuwirken. So ist im Rahmen der complianceseitigen Kontrollen der zweiten Verteidigungslinie die Führung und Pflege des Legal-Inventory zu bewerten und zu kontrollieren.

4.5.1 Separates Legal-Inventory

Diese relativ losgelöst von den Prozessen durchgeführte Variante nimmt lediglich die relevanten Regelungen und Vorgaben auf. Es erfolgt lediglich eine Sammlung und Auflistung aller für den Fachbereich geltenden Normen. Diese werden mit Aktivitäten und allgemeinen Prozessbeschreibungen verknüpft. Ein und dieselbe Norm kann somit auch in unterschiedlichen Abteilungen erhoben werden. Grund hierfür ist, dass die Norm auf unterschiedliche Prozesse im Institut ausstrahlt. Es ist sinnvoll, dass jeder Fachbereich sein eigenes Legal-Inventory führt. Dies erleichtert die Nachvollziehbarkeit und Transparenz. Sofern jeder Fachbereich sein eigenes Legal-Inventory erstellt, ist es obligatorisch, dass er auch die Verantwortung hat, dieses fortlaufend zu pflegen und auf einem aktuellen Stand zu halten.

Abbildung 11: Separates Legal-Inventory

Legal Inventory

Fachabteilung: XYZ

Nr.	Produkt / Transaktion / Aufgabe	Prozess (Geschäfts- oder Unterstützungsprozess)	Referenz des schriftlich fixierten Prozesses	Aktivität	Vorschrift (Gesetz, aufsichtsrechtl Regularien, Grundsätze, privatrechtl. Verpflichtungen)	In der Fassung vom	Abschnitt / Paragraph / ...	Beschreibung
1	Firmenkredit	Kreditantragsverfahren	A1	Bewertung Wirtschaftlichkeit	KWG	20.12.2012	§ 18 KWG	Offenlegung wirtschaftlicher Verhältnisse
2	Firmenkredit	Kreditantragsverfahren	A2	Kreditvergabe	KWG	20.12.2012	§ 13 KWG	Beachtung Grenze Großkredit
3	Firmenkredit	Kreditauszahlung	A3	Kontoeröffnung Darlehenskonto	GWG	22.12.2011	§ 4 GWG	Kundenidentifizierung
4								
5								
6								
7								
8								
9								
10								
11								
12								
13								
14								
15								
16								
17								
18								
19								
20								
21								
22								
23								
24								
25								
26								
27								
28								
29								
30								
31								
32								

Quelle: Eigene Darstellung.

4.5.1.1 Vorteil

Der entscheidende Vorteil dieser Variante liegt auf der Hand. In kürzester Zeit lassen sich somit alle relevanten Normen und Regularien sammeln und in einer einheitlichen Form zusammenfassen. Notwendig sind hierfür alleine die Norm als solche inkl. Erfassungsdatum und eine allgemeine Verknüpfung zu den Prozessen und Aktivitäten. Um einen relativ einfachen Ansatz zu fahren, welcher gerade in kleinen und mittelständischen Instituten durchaus sinnvoll sein kann, ist diese Methode eines reinen Auflistens der Normen zu empfehlen.

4.5.1.2 Nachteil

Im Rahmen dieser Variante ergeben sich erwartungsgemäß auch Nachteile. So steht das Legal-Inventory in dieser Form relativ „unabhängig" und weist keine Einbettung in andere Systeme oder Prozesse auf. Für die Erfassung der Normen mag dies sinnvoll sein, aber nur dann, wenn andere Betrachtungsweisen unberücksichtigt bleiben sollen.

Ein weiterer Nachteil ist, dass die Fachbereiche ggf. noch nicht in Normen und Regularien „denken" und somit eine gewisse Vorarbeit geleistet werden muss, um diese für die Erhebung zu sensibilisieren. Es bedarf einem gewissen Schulungsaufwand jeden verantwortlichen Fachbereichsleiter in die Systematik der gewünschten Auflistung einzuarbeiten. Hiervon hängen in hohem Ausmaß der Erfolg und die Qualität der Erhebung ab.

Praxiserfahrung: In einer ersten Phase gehen die qualitativen Ergebnisse sehr stark auseinander. Abhängig ist dies vom originären Aufgabengebiet des Fachbereiches. Es wird sich hier schon intensiv mit aufsichtsrechtlichen oder anderen gesetzlichen Anforderungen beschäftigt (hohe Qualität) oder gesetzliche Anforderungen sind im täglichen Geschäft eher nebensächlich (schlechte Qualität).

4.5.2 Prozessintegriertes Legal-Inventory

Eine zweite Möglichkeit ist die Erhebung der Regelungen und Vorgaben mithilfe einer Prozesslandkarte bzw. den Arbeitsanweisungen oder Prozessschritten durchzuführen. Sobald für einen Prozessschritt eine Norm ausschlaggebend wird, wird diese am Prozess erhoben und hinterlegt. So greifen beispielsweise im Prozessschritt der Kundenlegitimation im Rahmen der Kontoeröffnung die §§ 154 AO und 4 GwG. Diese werden dann in einem Prozessdiagramm in der Prozesslandkarte als relevante Normen direkt am Prozessschritt hinterlegt.

Ein Muster für ein prozessintegriertes Legal-Inventory im Rahmen der Risikoanalyse wird im weiteren Verlauf des Kapitels aufgezeigt.

4.5.2.1 Vorteil

Ein wesentlicher Vorteil liegt darin, dass die Norm direkt mit einem Prozessschritt verknüpft ist und somit eine sehr hohe Transparenz in den jeweiligen Prozessen erreicht wird. Sobald sich eine Norm ändert, kann sofort ausgewertet werden, welche Prozesse davon betroffen sind. Kein relevanter Prozess bleibt somit unberücksichtigt, da diese Verknüpfung mit allen relevanten Prozessen im Institut bestehen sollte. Ändert sich ein Prozess, erkennt man sofort, welche Norm eine Rolle gespielt hat und man kann prüfen, ob diese Norm auch im Rahmen der Prozessanpassung weiterhin relevant bleibt. Dies erhöht mittelfristig auch die immer wichtiger werdende Compliance-Kultur; der Umgang und die Kenntnis von Normen Regularien und deren Einhaltung.

4.5.2.2 Nachteil

Ein erheblicher Nachteil ist allerdings der hohe Aufwand, der aus einer Erhebung auf Prozessebene resultiert. Es sind mit den Fachbereichen intensive Gespräche zu führen und mehrere Abteilungen einzubeziehen. Das Prozessmanagement wird in der Regel in der Organisationsabteilung eines Instituts angesiedelt. Diese prozessuale Erhebung sollte daher gemeinsam mit den Fachbereichen und ggf. den Organisationsabteilungen erfolgen. Sinnvoll ist es hier, die Prozesse und die dazugehörigen Normen in einem System zu pflegen. Neben speziellen IT-gestützten Prozessmanagement-Tools sind auch „Office-Lösungen" denkbar.

4.6 Modell der drei Verteidigungslinien

4.6.1 Ziel der ersten und zweiten Verteidigungslinie

Im Rahmen der Implementierung einer Compliance-Funktion gem. MaRisk und deren einhergehenden notwendigen Tätigkeiten und Verantwortlichkeiten bedarf es einer klaren Definition der jeweiligen Verteidigungslinien. Dieses Modell zieht sich wie ein roter Faden durch sämtliche Geschäftstätigkeiten und Prozesse eines Kreditinstitutes. Wie im Rahmen der Konzeption erläutert, definiert dieses Modell die Aufgaben und Kontrollen der Prozesse.

Nachdem die Tätigkeiten im Rahmen der zukünftigen Prozesse zur Minimierung des Compliance-Risikos definiert worden sind, müssen deren Verantwortlichkeiten nun ebenfalls schriftlich fixiert werden.

Welche **Tätigkeiten** fallen im Rahmen des Risikomanagements „Compliance-Risiko" an? Die in den Kapiteln 3.3.6 ff. definierten Aufgabenpakete werden durch diese Auflistung noch einmal übersichtlich zusammen:

- Identifikation der potenziellen prozessinhärenten Risiken (weite Sichtweise),
- Erhebung der Normen und Regularien,
- Bewertung des inhärenten Risikos,
- Definition von Kontrollmaßnahmen,
- Bewertung der Kontrollmaßnahmen,
- Bewertung des Residualrisikos,
- Benennung eines Risk Owners,
- Anpassungen des Legal-Inventory,
- Überprüfung der Risiken und deren Bewertungsanpassung bei Veränderungen in Prozessen und Strukturen (AT 8.1. und 8.2 MaRisk),
- Überprüfung der Kontrollmaßnahmen und deren Bewertungsanpassungen,
- Dokumentation der Maßnahmen der ersten Verteidigungslinie,
- Initiierung, Beratung und Begleitung dieser Tätigkeiten,
- Analyse der Reports der ersten Verteidigungslinie,
- Überprüfung der ordnungsgemäßen Durchführung der Maßnahmen der ersten Verteidigungslinie (Nachvollziehen der Kontrollhandlungen),

- Überprüfung der Effektivität der Maßnahmen der ersten Verteidigungslinie,
- Überwachung der von den Verantwortlichen der ersten Verteidigungslinie durchzuführenden, laufenden Überprüfung der Effektivität der Maßnahmen,
- Definition von strukturierten Abläufen und Ad-hoc-Maßnahmen zum Umgang mit aufgedeckten strafbaren Handlungen,
- kontinuierliche Überwachung des compliance-relevanten Umfelds und Überprüfung der Auswirkungen auf die Effektivität der ersten Verteidigungslinie.

4.6.2 Definition der ersten Verteidigungslinie

Die Grundlage für die Aufnahme, Bewertung und Weiterentwicklung der ersten Verteidigungslinie bildet das vollständige und abgeschlossene Compliance Risk Assessment, das auf dem Legal-Inventory basiert. Die Vorgehensweise zur Durchführung des Compliance Risk Assessments ist in den jeweiligen Kapiteln umfangreich dargestellt.

In Anlehnung der Definition der ersten Verteidigungslinie im Rahmen der Konzeption sind die Fachbereiche originär für die Einhaltung aller relevanten Normen und Regularien und die sonstigen Compliance-Risiken verantwortlich und somit zuständig, diese intern umzusetzen. Dies beinhaltet sowohl das Kennen der relevanten Normen als auch das Bewerten der relevanten Risiken aus potenziellen Normverstößen sowie die Implementierung von Kontrollen zur Reduzierung der identifizierten Risiken und deren Bewertung. Kurz gesagt, der Fachbereich ist für die Einhaltung der Normen und das Management der sonstigen Compliance-Risiken zuständig. Diese Verantwortung sollte im Rahmen der schriftlich fixierten Ordnung (sfO) des Instituts klargestellt und intensiv kommuniziert werden. Dieser Verantwortung sind sich viele heute noch nicht bewusst. Je nach Ausprägung im Institut existiert die Unsicherheit, ob es sich bei normengetriebenen Veränderungsprozessen um eine Bring- oder Holschuld des Fachbereiches handelt.

Praxiserfahrung: Viele Fachbereiche warten auf Stabsbereiche, welche die Anforderungen umsetzen sollen. Einige ergreifen selbst die Initiative und suchen die Zusammenarbeit mit anderen Bereichen im Institut.

Das WpHG in Verbindung mit den MaComp ist hier schon seit Längerem Vorreiter.

So heißt es im § 33 Abs. 1 WpHG:

„Ein Wertpapierdienstleistungsunternehmen muss die organisatorischen Pflichten nach § 25a Abs. 1 und 4 des Kreditwesengesetzes einhalten. Darüber hinaus muss es angemessene Grundsätze aufstellen, Mittel vorhalten und Verfahren einrichten, die darauf ausgerichtet sind, sicherzustellen, dass das Wertpapierdienstleistungsunternehmen selbst und seine Mitarbeiter den Verpflichtungen dieses Gesetzes nachkommen, …"

Dies wird ergänzt um AT 6 Tz. 2 MaComp:

„Die aufgestellten Grundsätze und eingerichteten Verfahren haben die effektive Durchführung der erforderlichen Kontrollhandlungen sicherzustellen. Hierbei sind zunächst die operativen Bereiche für die Einhaltung der Vorschriften und die Durchführung von Kontrollen (Selbstkontrollen), verantwortlich. Es ist sicherzustellen, dass zusätzlich – zumindest stichprobenartig – Überwachungshandlungen durch andere Bereiche, etwa eine Überwachung des Handels durch die Handelsabwicklung und/oder die Compliance-Funktion, erfolgen."

Diese beiden Normen definieren quasi das Interne Kontrollsystem im Rahmen der Wertpapierdienstleistungserbringung eines Wertpapierdienstleistungsunternehmens. Hier wurden quasi die Anforderungen der aktuellen MaRisk für das Wertpapiergeschäft speziell geregelt. Das Modell kann jedoch ausstrahlend auf alle Bereiche eines Instituts wirken, da es modellhaft die Verteidigungslinien aufgreift und legal definiert.

Die Tätigkeiten der ersten Verteidigungslinie (Fachbereiche) belaufen sich auf die nun folgenden:

4.6.2.1 Identifizierung der relevanten Normen

Für die Identifizierung der relevanten Normen ist originär der Fachbereich zuständig. Dies kann in der Form einer Satelliten-Funktion ausgeprägt sein, dass sämtliche **Rechtsinformationsquellen** beobachtet werden, z. B.:

- Rundschreiben der Verbände,
- Abonnements von Fachzeitschriften,
- Newsletter,
- regelmäßige Seminare,
- Arbeitskreise.

4.6.2.2 Identifizierung und Bewertung des inhärenten Risikos

Die Identifizierung und Bewertung des inhärenten Risikos liegt ebenfalls beim Fachbereich. Die Beurteilung muss zunächst dort stattfinden. Eine nachgelagerte Beurteilung findet im Rahmen der 2nd-Level-Kontrollen statt. Auf die Vorgehensweise der Bewertung wird im Kapitel zum Risk Assessment eingegangen.

4.6.2.3 Überprüfung der Effektivität der Kontrollen

Die Beurteilung der Effektivität der Kontrollen sollte von der MaRisk-Compliance-Funktion in Zusammenarbeit mit den Fachbereichen / den Prozessverantwortlichen durchgeführt werden. Die Verantwortung für die Festlegung des Residualrisikos sollte beim Fachbereich liegen.

4.6.2.4 Identifizierung und Behebung von Control Gaps

Die Identifizierung und Behebung von Control Gaps sollte von der MaRisk-Compliance-Funktion in Zusammenarbeit mit den Fachbereichen / den Prozessverantwortlichen durchgeführt werden. Die Entscheidung über die zu implementierenden Kontrollen und die Implementierung der Kontrollen sollte im Geschäftsbereich / beim Prozessverantwortlichen liegen.

4.6.2.5 Festlegung von Überwachungsmaßnahmen und Berichterstattung der ersten Verteidigungslinie

Die Festlegung von Überwachungsmaßnahmen innerhalb der ersten Verteidigungslinie und Berichterstattung sollte von der MaRisk-Compliance-Funktion in Zusammenarbeit mit den Fachbereichen / den Prozessverantwortlichen durchgeführt werden. Die Entscheidung über die zu implementierenden Überwachungsmaßnahmen sollte vom Geschäftsbereich / Prozessverantwortlichen getroffen werden. Die Entscheidung über Häufigkeit, Inhalt und Form der Berichterstattung an die MaRisk-Compliance-Funktion sollte auch von dieser selbst festgelegt werden.

4.6.2.6 Dokumentation der Maßnahmen

Risiko-Kontroll-Matrix: Struktur und Inhalt der Risiko-Kontroll-Matrix sollten von der MaRisk-Compliance-Funktion vorgegeben werden. Die Erfassung der Informationen sollte in der Verantwortung der Fachbereiche / Prozessverantwortlichen liegen.

Arbeitsablaufbeschreibungen und Prozessdokumentationen: Die Verantwortung (inkl. Umsetzung) für die Einarbeitung der Kontroll- und Überwachungsmaßnahmen in die Arbeitsablaufbeschreibungen und Prozessdokumentationen sollte in den Fachbereichen / bei den Prozessverantwortlichen liegen.

4.6.2.7 Laufende Überprüfung der Risiken, Kontrollen und Überwachungsmaßnahmen

Die Aktualisierung der Risiken, Kontrollen und Überwachungsmaßnahmen liegt in der Verantwortung des Fachbereichs / des Prozessverantwortlichen.

4.6.3 Definition der zweiten Verteidigungslinie

Nachdem das gemeinsame Risk Assessment von der MaRisk-Compliance-Funktion und den Fachbereichen abgeschlossen ist, erfolgt eine Priorisierung der Ergebnisse. Hieraus lassen sich dann die Tätigkeiten und notwendigen Überwachungshandlungen der zweiten Verteidigungslinie ableiten.

Die Aktivitäten sind hinsichtlich ihrer Häufigkeit und konkreten Ausgestaltung in einen Überwachungsplan aufzunehmen. Häufigkeit und Ausgestaltung der Überwachungsmaßnahmen richten sich nach der Bedeutung der Kontrolle. In diesem Zusammenhang ist festzulegen, innerhalb welchen Zeitraums eine Maßnahme der ersten Verteidigungslinie in Abhängigkeit von dem zugrunde liegenden Risiko mindestens einmal zu prüfen ist.

Zwecks Vermeidung von Doppelarbeiten sind die Überwachungsmaßnahmen der zweiten Verteidigungslinie mit der Internen Revision (dritte Verteidigungslinie) abzustimmen.

Um die Nachvollziehbarkeit der Maßnahmen der zweiten Verteidigungslinie durch die Interne Revision zu ermöglichen, sind die Aktivitäten und die Ergebnisse zu dokumentieren und in einem Bericht zusammenzufassen.

Für die Überwachung der Behebung der von der MaRisk-Compliance-Funktion festgestellten Mängel ist eine Datei zu entwickeln, die ein Ad-hoc-Reporting an das Management erlaubt.

4.6.3.1 Analyse der Reports der ersten Verteidigungslinie

Im Rahmen der zweiten Verteidigungslinie analysiert die MaRisk-Compliance-Funktion die definierten Reports der einzelnen Fachbereiche zunächst auf Plausibilität. Werden ggf. Hinweise auf erhöhte Risiken ausgewiesen? Ist das Ergebnis des Fachbereiches schlüssig, angemessen und umfassend? Sind auf einen ersten Bick Fehler in der Bearbeitung erkennbar?

4.6.3.2 Evidenz-Prüfung der Durchführung der Maßnahmen der ersten Verteidigungslinie

Hier liegt der Fokus auf der Evidenz der Maßnahmen zur Risikominimierung. Sind die Kontroll- und Überwachungshandlungen inhaltlich angemessen und zielführend? Die MaRisk-Compliance-Funktion bewertet die Grundsätze, Mittel und Verfahren der ersten Verteidigungslinie. Auch hier wird eine Bewertung der internen Kontrollmaßnahmen vorgenommen. Der Fachbereich implementiert Prozesse und Kontrollen (Grundsätze, Mittel und Verfahren) und die MaRisk-Compliance-Funktion bewertet diese.

4.6.3.3 Ordnungsgemäße Durchführung der Maßnahmen der ersten Verteidigungslinie

Die ordnungsgemäße Durchführung der Kontrollen muss laufend überwacht werden. Um die Effektivität der Kontrollen sicherzustellen, müssen diese natürlich durchgeführt werden. Die MaRisk-Compliance-Funktion lässt sich im Rahmen einer Stichprobe die Prüfungsergebnisse zeigen.

4.6.3.4 Effektivität der Maßnahmen der ersten Verteidigungslinie

Die MaRisk-Compliance-Funktion bewertet im Rahmen der risikoorientierten Stichprobenprüfungen die Effektivität der vom Fachbereich implementierten Maßnahmen. Hierbei erfolgt auch eine Defizitanzeige durch die MaRisk-Compliance-Funktion. Im Rahmen dieser Defizitanzeige obliegt es dem Fachbereich zusammen mit der MaRisk-Compliance-Funktion für eine angemessene Beseitigung zu sorgen.

4.6.3.5 Laufende Überprüfung der Effektivität der Maßnahmen

Im Rahmen der Überprüfung der Maßnahmen der ersten Verteidigungslinie überprüft die MaRisk-Compliance-Funktion auch laufend deren Effektivität. Dies kann zum Beispiel im Rahmen einer Beteiligung an Prozessänderungen erfolgen. Hier geht die Betrachtungsweise in Richtung der Anforderungen von AT 8.1 (Neue-Produkte-Prozess) und AT 8.2 MaRisk (Änderungen betrieblicher Prozesse oder Strukturen). Die Beteiligung der Compliance-Funktion an diesen Prozessen ist gemäß den MaRisk an dieser Stelle gefordert, um eben den sich aus den Änderungen ergebenden Compliance-Risiken entgegenzuwirken und mit dem Fachbereich angemessene Maßnahmen zur Risikominimierung zu implementieren.

4.7 Risikomodell

Mithilfe des Risikomodells können institutsspezifische Rechts- und Compliance-Risiken identifiziert und prüfungssicher bewertet werden. Es wird empfohlen, folgende **Kriterien** in ein **Risikomodell** mit aufzunehmen:

- Schadenshöhe,
- Art des Schadens,
- Eintrittswahrscheinlichkeit,
- Feststellungen externer Prüfer und interner Revision,
- Volatilität der Norm,
- bankspezifisch oder nicht bankspezifische Regelungen und Vorgaben,
- IKS-Bewertung und Anweisungswesen.[87]

Diese Kriterien sollten abschließend sowohl für die initiale und als auch für die jährlich zu wiederholende Risikoanalyse festgelegt und dokumentiert werden. Das Risikomodell soll als prüfungssichere Argumentationsgrundlage für die Bestimmung der Wesentlichkeit von Regelungen und Vorgaben sowie für die Bestimmung der wesentlichen Rechts- und Compliance-Risiken dienen. Nach Verabschiedung des Risikomodells sollten die Kriterien in den jeweiligen Erhebungsworkshops vorgestellt, erläutert und verprobt werden. Mit der jeweiligen Bewertungsmethodik[88] kann während der Erhebungen innerhalb der Fachbereiche durch ein Punktesystem den jeweiligen Kriterien ein Wert zugeordnet werden. Dieser Wert spiegelt das jeweilige Rechts- und Compliance-Risiko wieder, welches den erhobenen Regelungen und Vorgaben sowie Prozessen anhaftet.

87 Details zu den jeweiligen Kriterien vgl. Kapitel 3.3.4, S. 43.

88 Details vgl. Kapitel 3.3.9.3, S. 71.

4.8 Compliance Risk Assessment

Zu Beginn dieses Kapitels werden zunächst noch einmal die Begrifflichkeiten etwas abgegrenzt. Gerade im Umfeld der Compliance und den durchaus vorhandenen und hier auch schon beschriebenen Schnittmengen zu anderen Bereichen und Themengebieten ist es unabdingbar, auf klare Angrenzungen und Transparenz hinzuwirken.

Unter einem Risk Assessment versteht man die Aufnahme und Bewertung der reinen Risiken (inhärentes Risiko). Möchte man die Analyse um die Effektivität der Kontrollen erweitern, spricht man von einem so genannten Risk and Control Assessment. Im Folgenden wird vereinfacht nur von einem Risk Assessment gesprochen, wenngleich aber das umfassende Risk and Control Assessment gemeint ist; bzw. das Compliance Risk and Control Assessment. Die Compliance-Komponente wird im Kapitel 4.4 „Compliance-Risiko" definiert.

Dieses Assessment bildet das zentrale Element im Rahmen der Erstimplementierung einer MaRisk-Compliance-Funktion. Da die Methodik bzw. die Funktionalität eines Risk Assessments relativ standardisiert ist, können hierüber auch fachlich anders geartete Risiken analysiert werden.

4.8.1 Vorüberlegungen

Zu Beginn stehen diverse Vorüberlegungen, die dabei helfen, ein effektives und effizientes Risk Assessment durchzuführen.

In die Überlegungen fließen neben aufbau- und ablauforganisatorischen Aspekten auch kulturelle Aspekte mit ein. Ergebnisse dieser Analyse haben unterschiedliche Vorgehensweisen zu Folge.

Die folgenden Fragen helfen bei der Wahl einer geeigneten **Vorgehensweise**:

- Gibt es schon Risikoanalysen im Institut?
- Sind diese standardisiert auswertbar?
- Besteht eine angemessene Risikokultur im Institut?
- Ist bei den Führungskräften und leitenden Mitarbeitern ein angemessenes Risikobewusstsein vorhanden?
- Ist die schriftlich fixierte Ordnung umfassend, so dass Kontroll- und Überwachungshandlungen leicht zu identifizieren sind?
- Sind Prozesse zur internen Anpassung von Normveränderungen implementiert und werden diese gut gelebt?
- Sind nutzbare transparente Risikomodelle vorhanden?

4.8.2 Vorgehensweisen

Abhängig von den beschriebenen Vorüberlegungen dürften nun drei Vorgehensweisen in Betracht kommen. Diese sind maßgeblich abhängig von internen Prozessen und Strukturen. Berücksichtigt werden sollten insbesondere auch kulturelle Aspekte. Jede Vorgehensweise hat eine unterschiedliche Ausprägung in Bezug auf Außenwirkung, Innenwirkung, Aufwand und Nutzen.

4.8.2.1 Reines Compliance Assessment

Sollten ausreichende interne Prozesse und Strukturen vorhanden sein, kann die MaRisk-Compliance-Funktion alleine und für sich das Assessment durchführen. Nach erfolgter Abfrage bei den jeweiligen Fachbereichen, Stabsstellen und der Internen Revision stehen alle notwendigen Informationen zur Verfügung. Die MaRisk-Compliance-Funktion analysiert die vorhandenen Risikoauflistungen der Fachbereiche und beurteilt deren Eintrittswahrscheinlichkeit und Schadenshöhe.

Dies setzt voraus, dass schon ausreichende Risikoanalysen in den Fachbereichen vorhanden sind. Des Weiteren ist schon eine in der Breite implementierte und von allen getragene und gelebte Compliance-Kultur vorhanden und das Institut hat schon jahrelange Entwicklungen durchlebt.

Möglich ist auch, dass ein starker Bereich „OpRisk“ in der Vergangenheit die Rechtsrisiken (aus Normenverstößen) schon intensiv identifiziert, analysiert und minimiert hat. Gerade in mittelständischen Instituten wird dies erwartungsgemäß eher die Ausnahme sein.

Diese Vorgehensweise des reinen Compliance-Self-Assessments ist zu empfehlen, wenn ein Institut bereits intensive Betrachtungen und Auswertungen in Bezug auf die „Compliance-Risiken“ gem. Kapitel 4.4 vorgenommen hat.

4.8.2.2 Reines Self-Assessment der Fachbereiche

Sofern die internen Prozesse und Strukturen noch nicht in der Art und Weise vorhanden sind, wie vorstehend erläutert, kann es sinnvoll sein, reine Self-Assessments der Fachbereiche durchzuführen.

Dies bedarf einer gewissen Risikoaffinität in allen Fachbereichen. Voraussetzung hierfür muss sein, dass die Compliance-Beauftragten ihr Vorhaben eines Risk Assessments nicht tiefer erläutern müssen. Gegebenenfalls gab es solche Abfragen und Auswertungen schon einmal in der Vergangenheit von einem anderen Bereich. Sind die Fachbereiche allerdings trotz einer Erläuterung des Assessment-Bogens leicht überfordert, ist diese Vorgehensweise nicht zu empfehlen.

Funktionieren kann diese nur, wenn das Modell der Verteidigungslinien schon im Detail implementiert ist und beispielsweise jeder Fachbereich eine Art „Risikoverantwortlichen“ definiert hat. Dies sind Mitarbeiter, die als eine Art verlängerter Arm des Risikomanagements oder des Compliance-Beauftragten im Fachbereich arbeiten und deren Ziele und Aufgaben dort vor Ort wahrnehmen.

4.8.2.3 Gemeinsames Assessment (Workshop)

Das gemeinsame Assessment sollte gewählt werden, wenn eine notwendige Risikoaffinität im Hause noch nicht in der Breite existiert. Es fehlen jegliche und relevante Risikoanalysen (gerade im Bereich der allgemeinen Compliance-Risiken). Da die Fachbereiche gemäß dem Model der drei Verteidigungslinien als erste Linie in der Verantwortung stehen, alle notwendigen Maßnahmen zu ergreifen, in ihren Prozessen und Strukturen den jeweilig gültigen Normen zu entsprechen und die Compliance-Risiken zu minimieren, muss diese Affinität auch institutsweit vorhanden sein.

Weiteres Argument für diese Variante können Synergien wie die notwendige und geforderte Steigerung der Compliance-Kultur, Schulungsansätze und auch das persönliche Erscheinen einer gegebenenfalls neuen Abteilung „MaRisk-Compliance" sein. Diese Vorgehensweise erfordert wesentlich mehr Aufwand als die erstgenannten, ist aber unter gewissen Voraussetzungen die effektivste Methode. Das persönliche Gespräch mit den Fachbereichen ist für alle daran beteiligten Mitarbeiter ein Mehrwert.

Die Workshops können so aufgebaut sein, dass in einem ersten theoretischen Teil die Notwendigkeit und der Nutzen für den speziellen Fachbereich aufgezeigt werden. Im weiteren Teil werden sukzessive die Risiken identifiziert und analysiert.

Der Teilnehmerkreis eines solchen Workshops könnte sich beispielsweise aus den Fachbereichen, dem MaRisk-Compliance-Beauftragten, der Zentralen Stelle, dem OpRisk-Management und gegebenenfalls (in beratender Funktion) der Internen Revision zusammensetzen. Entscheidend ist dabei, wie weit man das „Compliance-Risiko" gefasst und definiert hat.

Da bei der Wahl der arbeitsintensivsten Variante des Workshops i. d. R. die Risikoaffinität und -kultur noch nicht in der Breite und Tiefe vorhanden ist, kann man den Workshop ggf. noch weiter unterteilen. Zu überlegen wäre eine viergliedrige Vorgehensweise. Auf diese Phasen gehen wir nun intensiver ein.

4.8.3 Phasen des Assessments

4.8.3.1 Risikoidentifizierung

Es kann sinnvoll sein, die reine Identifizierung der Risiken von der Risiko-Bewertung und der Aufnahme der Kontrollen und der Kontroll-Bewertung zu trennen. Die Aufnahme der Risiken ist das Kernelement des Assessments.

Werden hier an dieser Stelle bereits Fehler gemacht, schlägt sich dies bis zum Ende des Assessments durch.

Des Weiteren ist es sinnvoll die reinen Risiken zu betrachten, losgelöst von jeglichem, menschlich nachvollziehbaren, Kontrolldenken.

Werden an dieser Stelle schon die Kontrollen betrachtet, besteht die Gefahr, dass man sich eventuell praxisnah an den gelebten Prozessen der Fachbereiche orientiert, so dass ausschließlich die bereits getätigten Kontrollen im Vordergrund stehen und die Fachbereiche sich dem Risiko von der falschen Seite „annähern". So gilt es insbesondere, gerade auch die Risiken zu identifizieren, welche noch nicht durch Kontrollen abgedeckt sind. Darüber hinaus kann man den Fachbereich auch schnell überfordern, wenn man alle genannten notwendigen Tätigkeiten des Assessments in einem „Arbeitsgang" durchführt.

4.8.3.1.1 Brainstorming der Fachbereiche

In einer ersten Phase kann man den Fachbereich beauftragen, sich losgelöst von allem über seine Risiken (Compliance-Risiken) Gedanken zu machen. Dies kann beispielsweise in Form eines internen Brainstormings erfolgen. Unterstützend gibt es ggf. complianceseitig eine erläuternde Broschüre, welche im Rahmen eines kleinen Kick-off-Meetings kurz erläuternd durchgegangen wird. Hier liegt der Fokus auf kurzen, knappen Formulierungen und vor allem auf einer einfachen verständlichen Sprache.

Auftrag an den Fachbereich ist es sodann, die vorhandenen Risiken anhand einer beispielhaften Aufstellung von möglichen Risikokategorien zu benennen. Die Auflistung der Risiken erfolgt standardisiert im so genannten Assessment-Bogen. Dieser wird später dargestellt und erläutert.

4.8.3.1.2 Konsolidierender Workshop

Nach erfolgter autarker Risikoidentifizierung und Risikokategorisierung durch den Fachbereich, erfolgt ein gemeinsamer Workshop, in dem die identifizierten Risiken besprochen und gegebenenfalls vervollständigt werden. Ziel ist es, die kategorisierten und identifizierten Risiken für den jeweiligen Fachbereich möglichst vollständig erfasst zu haben.

4.8.3.2 Risikobewertung, Kontrollidentifizierung und -bewertung

Nachdem alle relevanten Risiken erfasst und lokalisiert wurden, erfolgt nun die Bewertung der Risiken. Die Beurteilung erfolgt anhand des Risikomodells, welches bereits an anderer Stelle erläutert wurde. Auch im Kapitel Assessment-Bogen wird hierauf noch einmal eingegangen. Um sowohl das inhärente Risiko als auch das Residualrisiko zu ermitteln, müssen ebenfalls die erfolgten Kontrollen erfasst und bewertet werden. Als erste Erkenntnis kann an dieser Stelle des Assessments schon auftreten, dass für ein durchaus hohes Risiko keine oder keine effektive Kontrolle implementiert worden ist.

4.8.3.2.1 Brainstorming der Fachbereiche

Um auch hier wieder eine Nachhaltigkeit und Effektivität zu gewährleisten, kann es hilfreich sein, zunächst den Fachbereich autark die für ihn aufgeführten Risiken bewerten und die getätigten Kontrollen erfassen zu lassen. Wenn diese Vorgehensweise in den laufenden Prozess übergeben wird, ist diese Tätigkeit primär eine Aufgabe der ersten Verteidigungslinie, also im Verantwortungsbereich des Fachbereichs. Sobald sich ein Prozess oder eine Norm ändert, muss dort (in Zusammenarbeit mit der MaRisk-Compliance-Funktion und ggf. einer Organisationsabteilung) eine kleine angemessene Risikoanalyse durchgeführt werden, um die bisherigen Risiken zu analysieren und ggf. auf neue Risiken zu reagieren. Mit dieser Maßnahme steigert man schon zu diesem Zeitpunkt die notwendige Affinität für Normen und deren Risikomanagement im zuständigen Fachbereich.

4.8.3.2.2 Konsolidierender Workshop

In einem zweiten gemeinsamen Workshop findet dann die abschließende gemeinsame Risikobewertung statt. Im Anschluss daran werden die vom Fachbereich bereits gelisteten Kontrollen abschließend erfasst und bewertet, in der Form, dass am Ende das verbleibende Residualrisiko aus inhärentem Risiko und erfasster risikominimierender Maßnahme ermittelt wird.

4.8.4 Risk-Assessment-Bogen

Um auf die aus den unterschiedlichen Bereichen resultierenden Anforderungen an eine gewisse Form der Risikoidentifizierung, Bewertung und deren Management angemessen und vor allem effizient reagieren zu können, macht ein gemeinsames Risk Assessment für das „Compliance-Risiko“ Sinn.

Zunächst wird auf die im ersten Schritt stattfindende reine Risikoidentifikation eingegangen.

4.8.4.1 Risikoidentifikation

Diese Erhebung sollte möglichst prozessintegriert erfolgen. Eine mögliche Erhebung könnte auf die folgende Art und Weise erfolgen.

In Anlehnung an die GwG-Gefährdungsanalyse sind die folgenden Aspekte **Bestandteil** der **Analyse**:

- Person / Geschäftspartner,
- Produkt / Gegenstand / Aufgabengebiet,
- Transaktion / Zustand / Aktivität.

Ergänzt werden diese Prozesskombinationen um eine gegebenenfalls notwendige Vorschrift, welche sich in diesem Prozessschritt niederschlägt. Somit findet das Legal-Inventory seine Abbildung im Prozess. Dies ist auch notwendig und sinnvoll, da alle relevanten Normen und Regularien sich intern immer in Prozessen niederschlagen. Ändert sich eine relevante Norm, hat dies immer Auswirkungen auf die entsprechenden Prozesse. Die im Bogen enthaltenen Prozessschritte sind möglichst generisch zu halten. Somit lassen sich alle Prozesse im Institut in einem entsprechenden Tool hinterlegen. Dies bedarf jedoch einer gewissen Sensibilität für abstrakte Prozessschritte. So muss zum Beispiel der Kreditkundenberater verstehen, was es bedeutet, wenn dort „Sicherung von Rechten“ als generischer (allgemein gültiger) Prozessschritt erwähnt wird und damit beispielsweise die „korrekte Eintragung der Grundschuld“ gemeint ist. Dies umfasst u. a. die Erstellung von korrekten Sicherungsverträgen (Bestellungsurkunde) sowie die ordnungsgemäße Eintragung im Grundbuch. Ein weiteres Beispiel ist der Eintrag „Vertriebsweg". Hiermit sind beispielsweise die Internetpräsenz oder Telefongespräche mit Kunden gemeint.

Abbildung 12: Risk Assessment – Risikoerhebung

Risikoidentifizierung							
Lfd. Nr.	Geschäftspartner	Produkt	Transaktion / Aktivität	Vorschriften	Risikoursachen	Hinweis / Korrektur	Beschreibung inhärentes Risiko
1	Privatkunde	Kreditgeschäft Kontokorrent	Initiierung / Beantragung / Geschäftsanbahnung durch Dritte	§ 4 GWG; § 154 AO	Compliance / Gesetzesverstoß		Gesetzesverstoß im Rahmen der Legitimationsprüfung
2							
3							
4							
5							
6							
7							
8							
9							
10							
11							
12							
13							
14							
15							
16							
17							
18							
19							
20							
21							
22							
23							
24							
25							
26							
27							
28							
29							
30							
31							
32							

Quelle: Eigene Darstellung.

4.8.4.2 Risikobewertung, Kontrollidentifikation und -bewertung

Die identifizierten Risiken werden nun anhand des definierten Risikomodells bewertet und mit schon existierenden Kontrollen verknüpft. Sollte man zu dem Ergebnis kommen, dass für ein identifiziertes Risiko (eventuell sogar ein „hoch" eingestuftes Risiko) noch keine Kontrolle existiert, hat man gemeinsam mit dem Fachbereich diesen Handlungsbedarf offenzulegen. Die Bewertung erfolgt dann über sämtliche identifizierten Risiken; über das sehr weit gefasste „Compliance-Risiko". Die Ausprägung des jeweiligen Risikos ist im Bogen in der Spalte Risikoart dargestellt.

Abbildung 13: Risk Assessment – Risikobewertung

Compliance Risk Assessment BfS

Lfd. Nr. R-Ident.	Produkt / Prozess	Arbeitsanweisung	Organisations-einheit	Inhärentes Risiko (Risiko eines Verstoßes gg. Vorschriften und / oder Risiko sonstiger	Ursache: intern / extern	Risikoart	Risikobeurteilung: Eintrittswahrscheinlichkeit	Höhe der Schäden	Feststellung interne / externe	Referenz Feststellung interne / externe Revision	Volatilität der Norm	Bankspezifisch ja/nein	Risiko-Bewertung	1st Level Controls	Kontroll-Charakter	Häufigkeit Kontroll-durchführung	Kontrolle durchzuführen von:	Kontroll-Evidenz	Residual-Risiko
1	Kreditgeschäft Kontokorrent	Legi-Prüfung	Geschäftsstelle	Gesetzesverstoß im Rahmen der Legitimationsprüfung	intern	Operationell	hoch	hoch	n/a	n/a	n/a	ja	sehr hoch	4-Augen-Kontrolle im Rahmen der Legitimationsprüfung	preventive	prozessinhärent	Markt	Prüfung der vom Kunden eingereichten Dokumente auf Echtheit und Prüfung der erfassten Stammdaten	gering
2																			
3																			
4																			
5																			
6																			
7																			
8																			
9																			
10																			
11																			
12																			
13																			
14																			
15																			
16																			
17																			
18																			
19																			
20																			
21																			
22																			
23																			
24																			
25																			
26																			
27																			
28																			
29																			
30																			
31																			
32																			
33																			
34																			
35																			
36																			
37																			
38																			
39																			
40																			
41																			
42																			
43																			
44																			
45																			
46																			
47																			
48																			
49																			
50																			
51																			
52																			
53																			
54																			
55																			
56																			

Quelle: Eigene Darstellung.

4.9 Prozess- und IKS-Aufnahme (Prozesslandkarte)

Mit der vorgestellten sehr weit gefassten Definition des „Compliance-Risikos“ erhebt man mit dem hier beschriebenen Risk-Assessment sämtliche Prozessrisiken innerhalb eines Gesamtprozesses. Dies erfolgt dann sogar, wie im vorherigen Kapitel erläutert, sehr tief auf der Ebene einzelner Prozessschritte. Ziel kann und sollte es sein, die institutsspezifischen Prozesse in Form einer Prozesslandkarte abzubilden. Diese Prozesslandkarte gilt es dann (möglichst in einem Prozessmodell-Tool) mit den jeweiligen Compliance (OpRisk)-Risiken zu verknüpfen. In einem weiteren Schritt wird diese Risikolandkarte dann um die relevanten zu betrachtenden Regelungen und Vorgaben ergänzt. Das Legal-Inventory wird somit direkt mit dem jeweiligen Prozess (ggf. direkt mit dem jeweiligen Prozessschritt; je nach Detaillierungsgrad) verknüpft. Um die Landkarte vollständig und umfassend als zentrales Steuerungstool nutzen zu können, sollten ferner die folgenden **Segmente** aufgenommen und erhoben werden:

- identifizierte notwendige Kontrollen,
- Kontrollverantwortlicher,
- Bewertung des Residualrisikos.

Die folgende Abbildung 14 „Risikolandkarte“ umfasst exemplarisch die **Inhalte**:

- Prozessschritt,
- Norm,
- inhärentes Risiko,
- Risikobewertung (gering / mittel / hoch),
- Kontrolle,

- Bewertung Residualrisiko (gering / mittel / hoch),
- Kontrollverantwortlicher.

Die Benennung eines Risikoverantwortlichen kann hier ergänzend erfolgen. Vorteil der Gesamtbetrachtung ist die permanente Auswertungsmöglichkeit aller Prozesse im Hinblick auf die möglichen Risiken, die Kontrollen und die Normen. Ändert sich eine Norm, kann sofort analysiert werden, welcher Prozess bzw. welcher Prozessschritt betroffen ist. Ändert sich ein Prozess, kann unverzüglich eine Risikoanalyse durchgeführt werden, ob die vorhandenen Kontrollen noch effektiv sind, ob eine neue Kontrolle implementiert werden muss oder ob eine bisherige Kontrolle wegfallen kann.

Abbildung 14: Prozess-Risikolandkarte anhand des Beispiels „Kontoeröffnung" (Teil des Gesamtprozesses)

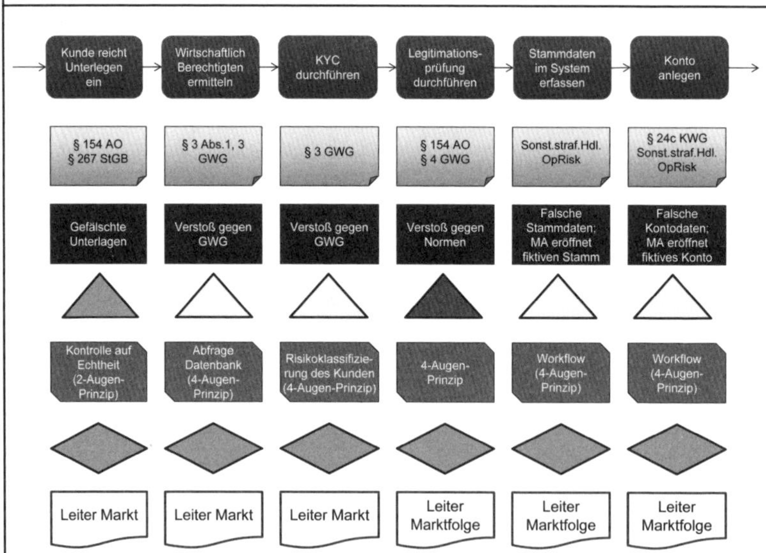

Quelle: Eigene Darstellung.

4.10 Abgrenzung zu relevanten Bereichen

Die bereits in Kapitel 3.3.11 umfassend erläuterten Abgrenzungen der MaRisk-Compliance-Funktion zu anderen ausgewählten Unternehmensbereichen nehmen im Rahmen dieses Buches eine Sonderstellung ein. Eine strikte Trennung in die Phasen „Konzipieren“ und „Implementieren“ im Sinne der Grundstruktur dieses Buches ist nicht zielführend. Aus diesem Grund wird inhaltlich insgesamt auf das Kapitel 3.3.11 verwiesen.

Wenngleich eine erneute Analyse der relevanten Abgrenzungen an dieser Stelle entbehrlich ist, soll die nachfolgende Abbildung einen granularen Überblick über einige wesentliche Kernelemente einer effektiven MaRisk-Compliance-Organisation geben.

Abbildung 15: Effektive MaRisk-Compliance-Organisation

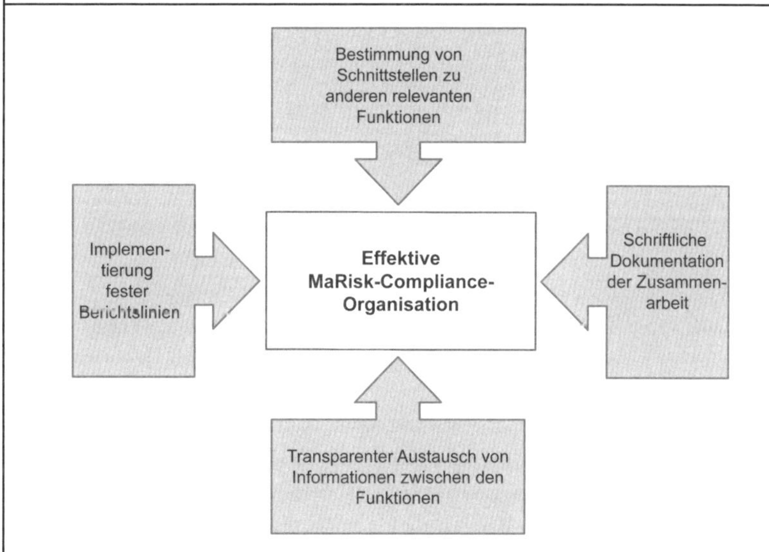

Quelle: Eigene Darstellung.

4.11 Berichtswesen

Bei der Umsetzung der Berichtsfunktion sollte sich die Ausgestaltung des Berichtswesens zwar eng am gewählten Organisationsmodell der MaRisk-Compliance-Funktion orientieren, dennoch sollte schon aus praktischen Erwägungen und Effizienzgedanken eine Konsolidierung und Vereinheitlichung der Compliance-Aktivitäten in einem Gesamtbericht vorgenommen werden.[89] Es sollte je nach formaler Originär- und Sekundärzuständigkeit eine umfassende Zulieferung durch die compliance-relevanten Fachbereiche und den internen, der MaRisk-Compliance-Funktion unterstehenden, Einheiten erfolgen. Der **Bericht** der MaRisk-Compliance-Funktion sollte Stellung zu den als wesentlich eingestuften Rechtsbereichen nehmen. Dazu darf ein Rückgriff bzw. eine Bezugnahme auf bereits vorhandene Berichtspflichten erfolgen. In Betracht kommen hier:

- der Compliance-Bericht gemäß nach § 33 Abs. 1 S. 2 Nr. 5 WpHG i. V. m. BT 1.2.2 MaComp,
- der Bericht Prävention Geldwäsche und sonstige strafbare Handlungen § 25 c Abs. 4 i. V. m. § 25 c Abs. 1 KWG (Zusammenfassung der Gefährdungsanalyse),
- der jährliche Tätigkeitbericht des Instituts-Datenschutzbeauftragten.

Ebenfalls sollte der Bericht Ausführungen zu Verbraucherschutzvorgaben und den sonstigen als wesentlich eingestuften Vorschriften enthalten.

Die Wirksamkeit der Berichtsfunktion wird ein entscheidendes Kriterium für die Wirksamkeit der gesamten MaRisk-Compliance-Funktion sein, da die Berichte Außenwirkung entfalten werden und dementsprechend als wesentliche Erkenntnisquellen für die Bewertung der Compliance-Kultur im Institut dienen dürften.

89 Vgl. Kapitel 3.3.12, S. 92 und Kapitel 3.3.2, S. 34.

4.12 Umsetzung des Überwachungsplans

Ist ein Überwachungs- bzw. Abarbeitungsplan erstellt, sollte dieser auch formal in Kraft gesetzt werden.[90] Dieser Überwachungs- bzw. Abarbeitungsplan wird Prüfungsmaßstab und stellt die Funktionsfähigkeit der MaRisk-Compliance-Funktion sicher.

Es wird Rechtsbereiche geben, bei denen die MaRisk-Compliance-Funktion lediglich auf Prüfungsmaßnahmen hinwirkt oder sich von der Durchführung ordnungsgemäßer Kontrollhandlungen überzeugt. Daneben wird es aber auch Rechtsbereiche geben, bei denen die MaRisk-Compliance-Funktion eine aktivere Rolle übernehmen muss.

Je nach Intensität und Ausmaß der Prüfungsmaßnahmen können u. a. folgende **Standards** und **Kriterien** bei der Bewertung der einzelnen Prüfungsmaßnahmen berücksichtigt werden:

- Aktualität der Überwachungspläne,
- Zuordnung von konkreten Regelungen und Vorgaben,
- hinreichende Beschreibung der Überwachungsmaßnahmen,
- Durchführungszeiträume,
- Anzahl der involvierten und zuständigen Mitarbeiter und Fachbereiche,
- Plausibilität der Ergebnisse,
- Maßnahmen zur Behebung von Defiziten,
- Berichts- und Reportinglinien.

Der Überwachungs- bzw. Abarbeitungsplan der MaRisk-Compliance-Funktion ist Instrument zur Bewertung sowohl von eigenen Kontrollmaßnahmen als

90 Vgl. Kapitel 3.3.13, S. 95.

auch von Kontrollmaßnahmen anderer Funktionen und Fachbereiche (z. B. Datenschutzbeauftragter, Kredit Back Office, Personalabteilung etc.).

4.13 Umsetzung des Schulungskonzeptes

Bei der Einführung bzw. Umsetzung eines institutsweiten Schulungskonzepts für Mitarbeiter müssen zunächst Anforderungsprofile und Aufgaben für Mitarbeiter definiert werden.[91] Daran ist dann das Schulungskonzept auszurichten.

Zunächst sollte auf die Qualifikation der Mitarbeiter bereits im Rahmen der Einarbeitung eingewirkt werden (Coaching, Training on the Job etc.). Anschließend sind Entwicklungsmaßnahmen zur Sicherstellung der fortlaufenden Qualifikation gemeinsam zwischen Mitarbeiter und Führungskraft festzulegen. **Maßnahmen** hierzu sind u. a.:

- Informationsveranstaltungen,
- Verpflichtende Seminarteilnahmen,
- E-Learning-Programme,
- Präsenzschulungen durch interne bzw. externe Trainer.

Sämtliche Schulungsinhalte sollten durch die koordinierende Stelle für das Schulungswesen und dem Fachbereich abgenommen werden. Diese Abnahme könnte von der MaRisk-Compliance-Funktion als Kontrollmaßnahme durchgeführt werden. Ebenfalls sollte die MaRisk-Compliance-Funktion bei Adhoc-Veränderungen bzw. rechtlichen Neuerungen auf die Anpassungen der betroffenen Schulungsinhalte hinwirken.

91 Vgl. Kapitel 3.3.14, S. 96.

5 Funktionieren

Eine MaRisk-Compliance-Funktion kann nur funktionieren, wenn die Aufgaben konkret definiert sind und der Wirkungskreis hinreichend bestimmt ist. Im Folgenden wird auf die konkreten Mittel und Verfahren eingegangen, die von einer MaRisk-Compliance-Funktion zu erwarten sind.

Keywords: Wirksamkeit, Mittel und Verfahren, Aufgaben, Methodik, Funktionieren

Orientierungsmaßstab für die konkreten Mittel und Verfahren bilden hier die bereits bestehenden Compliance-Funktionen nach WpHG/MaComp und dem GwG/25c KWG sowie die in AT 4.4.2 MaRisk beschriebenen Aufgaben. Dazu zählen u. a.:

- Hinwirken auf wirksame Verfahren,
- Mindern von Compliance-Risiken,
- Beratung,
- Unterstützung,
- Berichtswesen.

Da diese Aufgabenbeschreibung nicht wirklich trennscharf ist und in Bezug auf die Komplexität bzw. die Ungewissheit des tatsächlich zu bestimmenden Wirkungskreises noch konkretisiert werden muss, wird empfohlen, auch die MaRisk-Compliance-Funktion mit den bereits bekannten und sich in der Praxis bewährten **Aufgaben** auszustatten. Dazu gehören insbesondere

- ein umfassender und anlassbezogener Beratungsansatz,
- Einrichtung und Durchführung von Schulungen bzw. Mitwirkung an Schulungskonzepten,
- risikobasierte und anlassbezogene Kontrollhandlungen,
- umfassende Berichtsfunktion.

Für eine konstruktive Wahrnehmung dieser Kernaufgaben ist es Grundvoraussetzung, dass die MaRisk-Compliance-Funktion in wesentliche Informationsflüsse eingebunden wird, Zugriffsrechte auf sämtliche compliance-relevante Dokumente und Unterlagen bestehen, die Mitarbeiter die notwendigen Qualifikationsanforderungen[92] erfüllen und eine hinreichende Unterstützung durch die Geschäftsleitung und Führungskräfte gewährleistet ist (tone at the top).[93]

Dazu sollte festgelegt werden, dass Mitarbeiter der MaRisk-Compliance-Funktion in compliance-relevante Informationsflüsse, die für ihre jeweilige Aufgabe von Bedeutung sein können, frühzeitig eingebunden werden. Darüber hinaus ist den Mitarbeitern Zugang zu allen für ihre Tätigkeit relevanten Informationen zu gewähren. Vor diesem Hintergrund wird empfohlen, der MaRisk-Compliance-Funktion ein uneingeschränktes Auskunfts-, Einsichts- und Zugangsrecht zu sämtlichen Räumlichkeiten und Unterlagen, Aufzeichnungen, Tonbandaufnahmen, IT-Systemen sowie weiteren Informationen, die für die Ermittlung relevanter Sachverhalte erforderlich sind, zu gewähren. Mitarbeiter anderer Fachbereiche sollten die Herausgabe von Unterlagen oder die Erteilung compliance-relevanter Auskünfte nicht verweigern dürfen. Um eine fortlaufende Funktionsfähigkeit sicherzustellen, sind Auskunfts-, Einsichts- und Zugangsrechte idealerweise nach eigenem Ermessen und aus eigener Initiative wahrzunehmen.

92 Vgl. Kapitel 3.3.3, S. 38.
93 Vgl. Kapitel 3.3.4.1, S. 44.

5.1 Beraten und Schulen

Im Gegenzug soll die MaRisk-Compliance-Funktion zur Förderung eines höchstmöglichen Informationsstands u. a. bezüglich aufsichts- und zivilrechtlicher Anforderungen, idealerweise bereits vor deren Inkrafttreten (z. B.: EU-Verordnungen, WpHG, Verlautbarungen der BaFin, BGH-Rechtsprechung) eine entsprechende Servicefunktion gegenüber den weiteren Organisationseinheiten und Fachbereichen ausfüllen. Daneben berät die MaRisk-Compliance-Funktion u. a. die operativen Organisationseinheiten und Fachbereiche im Zusammenhang mit intern aufgestellten Grundsätzen, Selbstverpflichtungen und eingerichteten Verfahren.

Weiterhin sollte die MaRisk-Compliance-Funktion im Rahmen ihrer Möglichkeiten die Fachbereiche bei der Einhaltung der gesetzlichen Bestimmungen sowie der Organisations- und Arbeitsanweisungen beraten und unterstützten. Hier sollte eine Einzelfallberatung bei compliance-relevanten Fragestellungen wahrgenommen werden. Daneben beinhaltet ein ausgeprägter Beratungsansatz idealerweise auch die organisatorische und fachliche Unterstützung der operativen Bereiche bei der Durchführung oder die eigene Durchführung regelmäßiger und anlassbezogener Schulungen. Dies gilt insbesondere im Hinblick auf gesetzliche Neuerungen, neu erlassene Verlautbarungen der BaFin oder Änderungen der aufsichtsrechtlichen Anforderungen und die daraus resultierenden Verhaltensregeln für Mitarbeiter sowie Änderungen der Unternehmensorganisation und der Organisations- und Arbeitsanweisungen.[94]

5.2 Kontrollieren und Bewerten

Gemäß AT 4.4.2 MaRisk soll die MaRisk-Compliance-Funktion auf die Implementierung wirksamer Verfahren zur Einhaltung der für das Institut wesentlichen rechtlichen Regelungen und Vorgaben und entsprechender Kontrollen hinwirken. D. h. eine weitere Kernaufgabe der MaRisk-Compliance-Funktion ist es, zu bewerten, ob das Institut die Einhaltung der als wesentlich eigestuften Regelungen und Vorgaben, die relevanten gesetzlichen Regelun-

94 Vgl. auch Kapitel 3.3.14, S. 96.

gen, die eingerichteten Grundsätze und Vorkehrungen sowie die Organisations- und Arbeitsanweisungen hinreichend sicherstellt. Dies beinhaltet auch eine risikobasierte und anlassbezogene Überprüfung, ob die in den Arbeits- und Organisationsanweisungen aufgeführten Kontrollhandlungen durch die Fachabteilungen regelmäßig bzw. ordnungsgemäß ausgeführt werden.

Da die vorzunehmenden Überwachungshandlungen nicht ausschließlich auf Prüfungsergebnisse der internen Revision gestützt werden dürfen, sollte die MaRisk-Compliance-Funktion risikobasiert eigene Kontrollen durchführen. Die oben wiedergegebenen Informationsrechte gelten für Prüfungs- und Überwachungshandlungen entsprechend. Diese Überwachungshandlungen erfolgen nicht nur anlassbezogen, sondern auf der Grundlage eines angemessenen Überwachungsplans, der dem analysierten Compliance-Risiko und der organisatorischen Einrichtung entspricht. In die Überwachungshandlungen sind alle wesentlichen Rechtsbereiche, jeweils unter Berücksichtigung des Risikogehaltes, einzubeziehen. Eine Verzahnung und enge Zusammenarbeit mit anderen Kontrollfunktionen kann zu einem geminderten Compliance-Risikogehalt führen, so dass in einigen Rechtsbereichen lediglich eine Plausibilitätsprüfung der Kontrollmaßnahmen und Prüfungsergebnisse ausreichen dürfte. Sämtliche Prüfungshandlungen und Bewertungen von Überwachungshandlungen sind prüfungssicher nachvollziehbar zu begründen und zu dokumentieren. Die Anzahl der Stichproben ist festzuhalten. Für die notwendigen Überwachungshandlungen können geeignete Quellen und Instrumente herangezogen werden, beispielsweise aggregierte Risikomessungen.

Die eigenen Überwachungshandlungen und Bewertungen sollen unter Berücksichtigung der Kontrollen der Geschäftsbereiche sowie den Prüfungshandlungen der Risikomanagementfunktion und der internen Revision – ggf. auch vor Ort – durchgeführt werden. Im Gegensatz zu den Prüfungen der Internen Revision führt die MaRisk-Compliance-Funktion Überwachungshandlungen kontinuierlich, anlassbezogen und nach Möglichkeit prozessbegleitend oder zumindest zeitnah durch.

Soweit Defizite bei der Wirksamkeit von Verfahren, d. h. in den Grundsätzen und Vorkehrungen zur Einhaltung der für das Institut wesentlichen rechtlichen Regelungen und Vorgaben, festgestellt werden, sollte die MaRisk-Compliance-Funktion Maßnahmen, die zur Behebung von Defiziten im Bereich der bestehenden organisatorischen Vorkehrungen notwendig sind, aufzeigen bzw. gemeinsam mit den Fachbereichen ermitteln. Die Geschäftsleitung bzw. relevante Führungskräfte sind zu informieren. Die Implementierung solcher Maßnahmen sollte regelmäßig überwacht und bewertet werden.

Bei dem Vorliegen einer konkreten Gefahr ist nicht davon auszugehen, dass der MaRisk-Compliance-Beauftragte berechtigt ist, selbst geeignete und erforderliche vorläufige Maßnahmen zu treffen, um die konkrete Gefahr insbesondere für die Beeinträchtigung von Kundeninteressen abzuwenden. Diese Berechtigung zur Einleitung einstweiliger Maßnahmen ergibt sich lediglich aus § 31 Abs. 1 S.2 WpHG i. V. m. § 12 Abs. 3 S. 2 WpDVerOV und gilt ausdrücklich nur für den WpHG-Compliance-Beauftragten gemäß BT 1.1 MaComp. Für den MaRisk-Compliance-Beauftragten dürfte wohl lediglich die Pflicht zur unverzüglichen Information der Geschäftsleitung bzw. der Führungskräfte bestehen.

5.3 Berichten

Die Berichtspflicht gem. AT 4.4.2 Tz. 6 S. 1 MaRisk ist ebenfalls eine Kernfunktion der MaRisk-Compliance-Funktion, die durch den MaRisk-Compliance-Beauftragten wahrgenommen werden muss. Das Berichtswesen ist institutsspezifisch aufzubauen und richtet sich nach der organisatorischen Ein- und Ausrichtung der MaRisk-Compliance-Funktion.[95] Existierende Berichtspflichten bleiben grundsätzlich unberührt. Wir empfehlen jedoch eine Konsolidierung von Berichten, die Compliance-Risiken beinhalten, so dass auch der Geschäftsleitung ein jährlicher und komprimierter Überblick über sämtliche wesentlichen Compliance-Risiken und relevanten Compliance-Vorgänge gegeben werden kann.

95 Vgl. Kapitel 3.3.2, S. 34 und 3.3.12, S. 92.

6 Umsetzung in der Praxis

In diesem Kapitel wird aufgezeigt, welche neuen Aufgaben und Funktionen sich während einer Folgeumsetzung der MaRisk-Compliance-Funktion herausbilden könnten. Hierbei ist zu betonen, dass es sich um einen Ausblick handelt, da die konkreten Aufgaben aus der Risikoanalyse sowie den institutsspezifischen Besonderheiten abgeleitet werden müssen.

Keywords: Folgeumsetzung, Kernaufgaben, Rechtsgebiete, Compliance-Themen, praktische Umsetzung

Die neu zu übernehmenden Aufgaben und Funktionen sind lediglich Extrakte einer institutsspezifischen Risikoanalyse. Wurde dementsprechend das Compliance-Risiko in bestimmten Themensegmenten als hoch eingestuft, muss die MaRisk-Compliance-Funktion auf entsprechende Maßnahmen zur Verringerung des Risikos hinwirken. Dabei werden je nach Einrichtung und Ressourcenstärke der MaRisk-Compliance-Funktion neben einer 2nd-Line-Verantwortung auch neue unmittelbare Verantwortungen bzw. Zuständigkeiten der MaRisk-Compliance-Funktion für gewisse Themensegmente entstehen. Aufgrund unterschiedlicher Strukturorganisationen und Geschäftsmodelle der Institute werden diese neuen Aufgaben und Funktionen unterschiedlich ausgeprägt und gewichtet werden. Ebenso ist es die originäre Entscheidung des Instituts, diese neuen Aufgaben und Funktionen innerhalb der Aufbauorganisation so zuzuordnen, dass erkannte Risiken reduziert werden und die Effizienz gesteigert wird.

Grundsätzlich wird sich auch die MaRisk-Compliance-Funktion als Teil des bankweiten Risikomanagements im Rahmen seiner 2nd-Line-Prozesse mit der Vermeidung von Compliance-Risiken befassen. Allerdings ist es ebenfalls möglich, dass die MaRisk-Compliance-Funktion aufgrund spezialgesetzlicher Regelungen oder durch interne Zuweisungen (z. B. vertikale Delegation, Vorstandsbeschlüsse) innerhalb eines rechtlichen Themengebietes, in Teilen eigene 1st-Line-Verantwortung trägt.

6.1 Potenzielle Kernaufgaben

Im Folgenden wird ein Überblick über mögliche nicht zwingend neue Handlungsfelder, Aufgaben und Funktionen gegeben, denen sich eine MaRisk-Compliance-Funktion entweder unmittelbar oder im Rahmen ihrer Überwachungs- und Berichtspflicht nähern sollte.

6.1.1 WpHG-Compliance

Um eine effektive und wirksame WpHG-Compliance-Funktion zu installieren, muss es einen Compliance-Beauftragten im Sinne des § 12 Abs. 4 WpDVerOV[96] geben, der damit die Compliance-Funktion nach § 33 Abs. 1 S. 2 Nr. 1 WpHG verantwortet. Konkrete Aufgaben und Kompetenzen sind in der MaComp und in der WpDVerOV geregelt. Hauptaufgaben sind die Beratung, Schulung, Kontrolle von kapitalmarktrelevanten Fragestellungen und Sachverhalten sowie ein ausgeprägtes Berichtswesen.

6.1.2 Geldwäsche- und Betrugsprävention/ Zentrale Stelle nach KWG

Eine Zentrale Stelle gem. § 25c Abs. 1 S. 1 KWG und der idealerweise in diese Funktion zu integrierende Geldwäschebeauftragte sollten ihre Funktion trotz der disziplinarischen Anbindung innerhalb der Bereichsorganisation unabhängig ausüben. Die Zentrale Stelle ist fachlich der Geschäftsleitung unterstellt und damit für die Umsetzung der Anforderungen aus dem Geldwäschegesetz (GwG) und der Anforderungen des KWG zuständig.

6.1.3 Verbraucherschutz

Im Zentrum der Aufgaben dürfte der Verbraucherschutz im Zusammenhang mit dem Kreditwesen stehen. Die MaRisk-Compliance-Funktion sollte idealerweise eine rechtliche Aufarbeitung mit der daraus folgenden praktischen Umsetzung sämtlicher rechtlicher Vorgaben im Bereich Verbraucherkredite vornehmen. Einschlägige rechtliche Regelungen finden sich hier in den gängigen banknahen Verbraucherrechten (z. B.: BGB, KWG, PAngV und BDSG).

---

96 Wertpapierdurchführungs-,verhaltens- und Organisationsverordnung.

Vor diesem Hintergrund sollte ebenfalls die Beratung bei der Durchführung bzw. die Begleitung von Projekten zur Umsetzung neuer Verbraucherschutz/-kreditvorschriften zu den Kernaufgaben der MaRisk-Compliance-Funktion gehören.

Im Rahmen der „Verbraucherkredit-Compliance" ist eine ähnliche Entwicklung wie in den Bereichen der WpHG-Compliance oder der Betrugsprävention zu erwarten. Das heißt, hier wird eine MaRisk-Compliance-Funktion mit den bekannten und bewährten Methoden und Verfahren agieren müssen.[97] Dementsprechend dürfte der Rechtsbereich „Verbraucherschutz" (Schwerpunkt Kreditwesen) als neuer wesentlicher Kernbereich der MaRisk-Compliance-Funktion zu bewerten sein.

6.1.4 Corporate Governance

Eine Corporate Governance orientiert sich grundsätzlich an der Rechtsform einer Aktiengesellschaft. Dennoch dient der Corporate-Governance-Kodex institutsübergreifend als Orientierung zur Sicherstellung einer guten und verantwortungsvollen Unternehmensführung. Der Kodex stellt die wesentlichen gesetzlichen Vorschriften zur Leitung und Überwachung eines Instituts dar und enthält international und national anerkannte Standards guter und verantwortungsvoller Unternehmensführung. Hier könnte die **Tätigkeit** der **MaRisk-Compliance-Funktion** u. a. darauf ausgerichtet werden

- etwaige Änderungen der Empfehlung der Regierungskommission zu verfolgen und einen institutseigenen Kodex diesbezüglich anzupassen,
- an der Erstellung einer Entsprechenserklärung i. S. d. § 161 AktG mitzuwirken
- sowie bei der Durchführung von Aufsichtsratssitzungen, Gesellschaftsversammlungen und sonstigen Gremiensitzungen zu unterstützen.

97 Vgl. Kapitel 5, S. 133.

Gerade bei kleineren Instituten dürfte der stetige Ausbau und die Weiterentwicklung einer rechtssicheren Corporate Governance notwendig werden, da auch dieser Rechtsbereich zukünftig intensiver von der MaRisk-Compliance-Funktion zu betrachten sein wird.

6.1.5 Datenschutzvorgaben

Der Datenschutzbeauftragte wirkt auf die Einhaltung der datenschutzrechtlichen Vorgaben hin und hat insbesondere die ordnungsgemäße automatisierte Datenverarbeitung zu überwachen. Durch die aktive Ausübung einer Datenschutzfunktion werden nicht nur Straf- und Ordnungsvorschriften, die sich an das Instituts selbst richten, gewahrt, sondern es wird auch Verbraucherschutz durch die Kontrolle des Umgangs mit personenbezogenen Daten (insbesondere Kundendaten) gewährleistet.

Ebenfalls könnte der Datenschutzbeauftragte gem. § 4f. BDSG in der MaRisk-Compliance-Funktion angesiedelt werden. Jedoch sollte er seine Funktion, trotz disziplinarischer Anbindung innerhalb einer Bereichsorganisation, auf dem Gebiet des Datenschutzes fachlich unabhängig und weisungsfrei (lediglich der Geschäftsleitung unmittelbar unterstellt) ausüben können. Ein potenzieller Interessenkonflikt mit anderen internen Abteilungen (z. B.: Geldwäschepräventionsfunktion) sollte offengelegt werden. Ebenfalls kann eine Verzahnung für eine konsolidierte Berichterstattung in Betracht gezogen werden.[98]

6.1.6 IT-Compliance

Eine weitere Tätigkeit könnte der Bereich IT-Compliance sein, also die Einhaltung und Umsetzung von gesetzlichen, regulatorischen und internen Anforderungen, insbesondere des Datenschutzrechts, des Telekommunikationsrechts, der Grundsätze zum Datenzugriff und zur Prüfbarkeit digitaler Unterlagen, des KWG und der Mindestanforderungen an das Risikomanagement (MaRisk). Hierbei gilt es, einen verantwortungsvollen Umgang mit allen Aspekten der Informationstechnik im Institut sicherzustellen.

98 Vgl. hierzu die Ausführungen in Kapitel 3.3.11.1.2, S. 82.

Kerntätigkeiten einer **proaktiven IT-Compliance** könnten u. a. folgende Aufgaben sein:

- Erstellung von Sicherheitsvorgaben,
- Beratung, Schulung, Kontrolle und Reporting über den Status der IT-Sicherheit,
- Koordinierung und Begleitung externer und interner Prüfungen.

Bei der Einrichtung einer IT-Compliance-Funktion sollte eine enge Verzahnung mit dem Datenschutzbeauftragten avisiert werden, da die compliancerelevanten Aktivitäten eng miteinander verbunden sind und teilweise sogar unmittelbar aufeinander aufsetzen.

6.2 Weitere potenzielle Aufgaben

Im Folgenden werden weitere potenzielle Aufgaben für eine neu implementierte MaRisk-Compliance-Funktion skizziert. Inwieweit diese Rechtsbereiche und Aufgabengebiete von der MaRisk-Compliance-Funktion bearbeitet werden, wird abhängig von den Ergebnissen der Risikoanalyse und der institutsspezifischen Besonderheiten sein.

6.2.1 Personalwesen

Gerade das Personalwesen beinhaltet eine hohe Anzahl an Rechtsrisiken. Hier sind u. a. folgende **Rechtsbereiche** und **risikobehaftete Prozesse** zu nennen:

- Personalabrechnungen,
- Institutsvergütungsverordnung und leistungsorientierte Vergütungsmodelle,
- Persönlichkeitsschutz der AN – AGG-konformes Verhalten,

- Einstellungskriterien / Absagepraxis und Bewerbungsprozess (z. B. GwG, MaAnzVO),
- Betriebsverfassungsrecht,
- Arbeitszeitrecht,
- Personaleinsatz,
- Urlaubsrecht,
- Befristungsrecht,
- Weiterbildung und Qualifikation der Mitarbeiter (Qualität der internen Schulungskonzepte).

Auch hier stellt sich wieder die Frage, in welchem Ausmaß die MaRisk-Compliance-Funktion in den einzelnen Themenfeldern aktiv werden muss. Dies dürfte wieder abhängig vom analysierten Risiko und einer umsetzbaren Verzahnung zum relevanten Fachbereich sein.

6.2.2 Steuerwesen

Der Rechtsbereich des Steuerwesens gilt als einer der umfangreichsten und speziellsten Aufgabengebiete, in dem aber kontinuierlich sehr hohe Compliance-Risiken bestehen dürften. Hier wird die MaRisk-Compliance-Funktion nicht die Ausweisung und Abfuhr einzelner Steuern überwachen müssen. Ziel sollte es vielmehr sein, eine größtmögliche Transparenz zu schaffen und relevante Prozesse und Abläufe zu definieren. Die MaRisk-Compliance-Funktion sollte über die für das Institut anfallenden und relevanten Steuern informiert sein und ein entsprechendes Berichtswesen gemeinsam mit den Steuerfachabteilungen aufsetzen. Vielfach bestehen innerhalb der Finanz- und Steuerabteilungen bereits sogenannte Spezialisten-Funktionen, die sich mit der präventiven Sicherstellung neuer steuerrechtlicher Anforderungen beschäftigen. Hier gilt es, eine sinnvolle und effiziente Verzahnung mit den Fachbereichen herzustellen, die dem analysierten Risikogehalt gerecht wird.

6.2.3 Business Continuity Management

Dem Business Continuity Management obliegt grundsätzlich eine Verantwortung für die Steuerung des BCM-Prozesses im Sinne des § 25 a KWG und der MaRisk, so dass auch hier eine unmittelbare Nähe zu einer MaRisk-Compliance-Funktion gegeben ist. Eine Tätigkeit könnte u. a. durch die Erstellung von Vorgaben, Beratung, Schulung, Kontrolle und Reporting über den Status der Notfallvorsorge geprägt sein.

6.2.4 Beschwerdestelle nach dem AGG

Die Zuständigkeit gem. § 13 AGG für die Behandlung von Beschwerden könnte ebenfalls durch die MaRisk-Compliance-Funktion wahrgenommen werden. Gemäß dem AGG[99] hat ein Beschäftigter das Recht sich zu beschweren, wenn er sich im Zusammenhang mit dem Beschäftigungsverhältnis vom Arbeitgeber, von Vorgesetzten, anderen Beschäftigten oder Dritten wegen eines in § 1 AGG genannten Grundes benachteiligt fühlt.

6.2.5 Zuständigkeit für den Verhaltenskodex eines Instituts

Ein Verhaltenskodex beinhaltet die grundlegenden Anforderungen an das Verhalten jedes Einzelnen und spiegelt die Leitlinien eines Instituts wider, die im Detail in der schriftlich fixierten Ordnung eines Instituts geregelt wird. Die MaRisk-Compliance-Funktion könnte die Erstellung, Pflege und Überwachung der Einhaltung des Verhaltenskodex übernehmen.

6.2.6 Kontakt zu Aufsichtsbehörden, Wirtschaftsprüfern und Handelsüberwachungsstellen

Die MaRisk-Compliance-Funktion könnte die Bündelung der Kommunikation mit Aufsichtsbehörden, Wirtschaftsprüfern und Handelsüberwachungsstellen institutsweit übernehmen bzw. koordinieren, sofern es um MaRisk-compliance-relevante Sachverhalte geht. Die MaRisk-Compliance-Funktion sollte insbesondere auch bei Auskunftsersuchen und Herausgabeverlangen durch Strafverfolgungs- oder Finanzbehörden durch die zuständigen Fachbereiche bzw. die Zentrale Stelle gem. § 25c KWG informiert werden.

99 Allgemeines Gleichbehandlungsgesetz.

6.2.7 Outsourcingmaßnahmen

Outsourcingmaßnahmen haften regelmäßig hohe Rechtsrisiken an, so dass die MaRisk-Compliance-Funktion auch im Rahmen von geplanten Outsourcingmaßnahmen frühzeitig zu informieren und angemessen in eine Prüfung einzubeziehen ist. Die MaRisk-Compliance-Funktion könnte dann sämtliche Outsourcingmaßnahmen im Rahmen des Compliance-Managements aufnehmen und eine entsprechende Würdigung vornehmen, unbeschadet der Legalitätsverantwortung der Fachbereiche. In diesem Rahmen ist risikobasiert, idealerweise in enger Abstimmung mit dem Outsourcing-Beauftragten, zu prüfen, ob und inwieweit Indikatoren vorliegen, die Rückschlüsse auf eine Nichteinhaltung aufsichtsrechtlicher und vertraglicher Regelungen und Vorgaben zulassen.

6.2.8 Arbeitsrichtlinienwesen/ Organisationsdokumentation und IKS

Als Teil des Internen Kontrollsystems sollte die MaRisk-Compliance-Funktion über die Neuerstellung und Überarbeitung von internen Arbeitsrichtlinien und Organisationsdokumentationen vorab informiert und in die Prüfung einbezogen werden. Dabei sollte ein Schwerpunkt auf die Beschreibung und die Qualität der dokumentierten Kontrollbeschreibungen gelegt werden. Hier sollte der MaRisk-Compliance-Funktion lediglich eine rein beratende Funktion zugesprochen werden. Dennoch sollte sie, unbeschadet der Legalitätsverantwortung der Fachbereiche, im Rahmen des Compliance-Management-Systems (zweite Verteidigungslinie) risikobasiert prüfen, insbesondere, ob Indikatoren bzgl. aufsichtsrechtlicher Regelungen gem. § 25 a KWG durch die Arbeitsrichtlinien und Organisationsdokumentation betroffen sind. Anschließend ist in eine nachfolgende Abstimmung mit den betroffenen Fachbereichen einzutreten. Gerade mit Blick auf den Umfang potenziell neuer Aufgaben ist das interne Anweisungswesen und die Beschreibung fachbereichsinterner Kontrollen eine wichtige Erkenntnisquelle für die Bewertung und Identifizierung von Rechts- und Compliance-Risiken.[100]

100 Vgl. auch Kapitel 7, S. 149.

6.2.9 Regeleinbindung

Um funktionsfähig zu sein, sollte die MaRisk-Compliance-Funktion auf einen Ausbau von Regeleinbindungen in wichtige **Prozesse** und **Gremien** hinwirken. Zu nennen sind hier u. a.:

- Einbindung in den Prozess um die Ausgestaltung und Prüfung neuer Produkte (Wertpapiergeschäft, Kapitalmarkt und Kreditwesen),
- Einbindung bei der Erschließung neuer Geschäftsfelder, Dienstleistungen, Märkte oder Handelsplätze,
- Einbindung in Strukturprojekte,
- Einbeziehung bei der Organisationspflicht zur Errichtung eines wirksamen und transparenten Verfahrens für eine angemessene und unverzügliche Bearbeitung von Beschwerden.

Grad und Ausmaß der Einbeziehung sollte dem analysierten Risikogehalt entsprechen und sich an den der MaRisk-Compliance-Funktion zur Verfügung stehenden Ressourcen orientieren. Die Einbeziehung der MaRisk-Compliance-Funktion in die vorgenannten Prozesse ersetzt im Einzelfall nicht die rechtliche Prüfung. Es ist vielmehr Aufgabe der MaRisk-Compliance-Funktion die regulatorischen Rahmenbedingungen für die jeweiligen Fachbereiche, mit der Rechtsberatung der Rechtsabteilung und dem Compliance Management angemessen zu verknüpfen.

7 Ausblick

Zunächst muss die Frage beantwortet werden, was eine enge Auslegung der MaRisk für die Institute bedeutet. Aufsichtsbehörden haben nun u. a. die Möglichkeit, jeden Verstoß gegen eine wesentliche Regelung und Vorgabe als Compliance-Verstoß zu werten. D. h. auf Grund solcher Verstöße besteht nun die Möglichkeit je nach konkretem Ausmaß von einem potenziellen Organisationsverschulden auszugehen. Denn allein der Verdacht von evidenten Verstößen innerhalb der als wesentlich eingestuften Rechtsbereiche kann die Pflicht begründen, sämtliche internen Prozesse, Organisationsstrukturen sowie das institutsinterne Anweisungswesen offenzulegen und ggf. anzupassen.

Keywords: Haftung, Rechtsbereiche, Entwicklung, Compliance-Kultur, Kultureller Wandel, Ausblick

Ein umfassendes Compliance-Management gemäß der neuen MaRisk wird zwangsläufig auch einen entsprechenden kulturellen Wandel im Unternehmen einleiten. Sowohl innerhalb der bereits eingerichteten Compliance-Funktionen als auch insbesondere in anderen Unternehmensbereichen und Organisationseinheiten. Von dem Compliance-Manager werden zukünftig breitere Rechtskenntnisse erwartet, so dass die Compliance-Funktionen zunehmend mit „Generalisten" auszustatten sind.

Die Umsetzung der Anforderungen dürfte ein neues unternehmensweites „Compliance-Bewusstsein" fördern und die Implementierung einer zentralen Evidenzstelle für Rechts- und Compliance-Risiken zur Folge haben. Gerade die Zusammenarbeit und Abstimmung zwischen den sich mit Rechtsrisiken befassenden Organisationseinheiten und der MaRisk-Compliance-Funktion wird sich zwangsläufig intensivieren. Hier müssen effektive Informationsflüsse und die Einrichtung wirksamer organisationsübergreifender Entscheidungsgremien geschaffen bzw. ausgebaut werden. In den Fokus geraten hier insbesondere die Fachbereiche wie Interne Revision, Konzernrevision, Risikocontrolling, Stabsstellen, Organisations- und Rechtsabteilungen.

Gerade die Ausstrahlungswirkung auf eine gesamte Organisation erschwert die Umsetzung dieser neuen Anforderungen und lässt diese oft unpopulär und unwesentlich wirken. Diese Hürden, bereits bekannt aus der MaComp-Umsetzung, gilt es zu überwinden.

Entscheidend werden sowohl die Bestimmung der Wesentlichkeit der Regelungen und Vorgaben als auch die daraus abgeleitete Bestimmung der Compliance-Risiken sein. Die beispielhafte Eingrenzung der BaFin in Bezug auf Vorgaben zu Wertpapierdienstleistungen (WpHG), Geldwäsche und Terrorismusfinanzierung, allgemeine Verbraucherschutzvorgaben, Datenschutzvorgaben und die Verhinderung doloser Handlungen zu Lasten des Instituts ist nicht abschließend und sollte zunächst nur als Orientierungshilfe genutzt werden, um einen ersten initialen Rahmen für die institutsspezifischen Rechts- und Compliance-Risiken zu schaffen.

Bereits abzusehen ist, dass der Verbraucherschutz im Bereich Kreditwesen neue Handlungsfelder für die Compliance-Funktionen hervorbringen wird. Daneben werden weitere Rechtsbereiche durch die Risikoanalysen identifiziert werden, die innerhalb eines Instituts nicht hinreichend abgedeckt bzw. adressiert sind.

Auch dürften Themenfelder wie Prozesssicherheit und Interne Kontrollsysteme für die Compliance-Funktionen neu zu durchdringende Aufgabengebiete werden. Gerade die Erhebung von Rechts- und Compliance-Risiken dürften auf Basis von Prozessen und Aktivitäten allen Betroffenen wesentlich leichter fallen, als eine reine Risikoerhebung auf Basis von Rechtsnormen. Entsprechend wird der Ansatz, den als wesentlich eingestuften Prozessen eine Regelung oder Vorgabe zuzuordnen, in den Fokus geraten. Zielbild ist hier eine effektive Verzahnung und institutsweite Transparenz zwischen Prozess-, Rechts- und Compliance-Risiken.

Im Ergebnis dient die MaRisk-Compliance-Funktion der Vermeidung oder zumindest Reduzierung von Schäden als Folge von juristischen Risiken, Sanktions-, Reputations- und Verlustrisiken. Um eben diesen Anforderungen gerecht zu werden, kann sich eine Compliance-Funktion mit der vorgestellten Methodik den erforderlichen Handlungsspielraum schaffen und einen umfassenden Beratungs- und Kontrollansatz wahrnehmen. Gerade das Risikomodell und die Methodik zur Bestimmung der Wesentlichkeit von Regelungen und Vorgaben könnte zukünftig institutsweit ausgerollt werden, um weitere Wesentlichkeiten z. B. von Prozessen, Produkten oder (Outsourcing-) Dienstleistungen zu bestimmen.

Letztendlich werden die Ausgestaltung von neuen Regularien und die Ausübung behördlichen Ermessens immer in einem Spannungsfeld zwischen der Sicherstellung verantwortungsbewusster Unternehmensführung und dem Erhalt unternehmerischer Entscheidungsspielräume liegen. Auf Grund der Finanzmarktkrise, des ausgeweiteten Verbraucherschutzes und des gesteigerten öffentlichen Bewusstseins zum Thema „Haftung von Management und Aufsichtsgremien“ wird das Bedürfnis zur Regulierung weiter in den Vordergrund rücken. Die Verantwortlichkeit der Leitungsorgane von Finanzinstituten wird also auch in Zukunft weiterhin bestimmt sein durch neue Gesetze, Rechtsprechung und die Aufsichtsbehörden. Neben den Rechtspflichten wird sich aber auch die gesellschaftliche Pflicht für Leitungsorgane ausweiten, um Rechtstreue zu etablieren und eine Compliance-Kultur zu schaffen. Diesem Ziel dienen die neuen Vorgaben der MaRisk zur Einrichtung einer MaRisk-Compliance-Funktion.

Die Autoren

Timo Boldt, Diplom-Kaufmann, Certified Compliance Professional (CCP), leitet seit 2011 die Compliance Abteilung bei der Fürstlich Castell'sche Bank, Credit-Casse AG. In dieser Position ist er als Geldwäschebeauftragter, WpHG-Compliance-Beauftragter und künftig auch als Compliance-Beauftragter nach MaRisk bei der BaFin gemeldet und verantwortet unter anderem als Projektleiter die Umsetzung der vierten Novelle der MaRisk. Vor seinem Wechsel zur Fürstlich Castell'schen Bank war er mehrere Jahre als Prüfer bei einer Wirtschaftsprüfungsgesellschaft und in diversen Funktionen bei einem mittelständischen Kreditinstitut tätig.

Karsten Büll, Diplom-Wirtschaftsjurist, ist seit Anfang 2012 Leiter Compliance & Fraud bei der Bank für Sozialwirtschaft AG. Dieser Bereich umfasst die Bereiche MaRisk-Compliance, WpHG-Compliance, „Zentrale Stelle“ gem. § 25c KWG und IT-Compliance. Mit seiner zuvor 10-jährigen Erfahrung in der Prozessorganisation der Bank liegt es nun in seiner Verantwortung, diesen Bereich mit all seinen Synergiemöglichkeiten effektiv für die Bank umzusetzen. Um mit dem nötigen Hintergrundwissen diese Aufgabe angehen zu können, absolvierte er im Jahr 2013 den Zertifikatsstudiengang Certified Compliance Professional (CCP) an der Frankfurt School of Finance & Management.

Michael Voss ist Rechtsanwalt bei der PricewaterhouseCoopers AG und Certified Compliance Professional (CCP). Er berät schwerpunktmäßig Finanzinstitute und Finanzdienstleister und unterstützt diese bei der Identifizierung von Rechts- und Compliance-Risiken sowie der organisatorischen Umsetzung regulatorischer Anforderungen. Vor dieser Tätigkeit war er Syndikusanwalt in einem mittelständischen Kreditinstitut und betreute die Rechtsbereiche Kapitalmarkt-Compliance und Corporate Governance. Berufsbegleitend absolvierte er das Studium an der Frankfurt School of Finance & Management zum Certified Compliance Professional (CCP).

Literaturverzeichnis

Arbeitskreis Externe und Interne Überwachung der Unternehmung der Schmalenbach-Gesellschaft für Betriebswirtschaft e.V. (AKEIÜ): Compliance: 10 Thesen für die Unternehmenspraxis, in: Der Betrieb, 63. Jahrgang, Nr. 27/28/2010, S. 1509ff.

Basel Committee on Banking Supervision: Principles for enhancing corporate governance, Oktober 2010, http://www.bis.org/publ/bcbs176.pdf, Abruf: 15.06.2013.

Basel Committee on Banking Supervision: Principles for the Sound Management of Operational Risk, Juni 2011, http://www.bis.org/publ/bcbs195.pdf, Abruf: 15.06.2013.

Bitter, Georg et al. (Hrsg.) (2009): Festschrift für Karsten Schmidt zum 70. Geburtstag: Verlag Dr. Otto Schmidt KG, Köln.

Bundesanstalt für Finanzdienstleistungsaufsicht (BaFin): MaRisk-Novelle 2012 – Veröffentlichung der Endfassung, Anschreiben an die Verbände der Kreditwirtschaft vom 14. Dezember 2012.

Bundesanstalt für Finanzdienstleistungsaufsicht (BaFin): Rundschreiben 10/2012 (BA) Mindestanforderungen an das Risikomanagement – MaRisk vom 14. Dezember 2012.

Bundesanstalt für Finanzdienstleistungsaufsicht (BaFin): Anlage 1 zum Rundschreiben 10/2012 (BA): Erläuterung zu den MaRisk in der Fassung vom 14.12.2012.

Bundesanstalt für Finanzdienstleistungsaufsicht (BaFin): Anlage 2 zum Rundschreiben 10/2012 (BA): Alle Änderungen gegenüber der MaRisk-Fassung vom 15.12.2010.

Bundesanstalt für Finanzdienstleistungsaufsicht (BaFin): Rundschreiben 4/2010 (WA) – Mindestanforderungen an die Compliance-Funktion und die weiteren Verhaltens-, Organisations- und Transparenzpflichten nach §§ 31ff. WpHG für Wertpapierdienstleistungsunternehmen (MaComp), Stand 30. November 2012.

Cutler, Stephen / M.: Speech by SEC Staff, Second Annual General Counsel Roundtable: Tone at the Top: Getting it Right, Washington, D.C., 3. Dezember 2004, http://www.sec.gov/news/speech/spch120304smc.htm, Abruf: 15.06.2013.

Die Deutsche Kreditwirtschaft (DK): Auslegungs- und Anwendungshinweise der DK zur Verhinderung von Geldwäsche, Terrorismusfinanzierung und „sonstigen strafbaren Handlungen", Stand 16. Dezember 2011.

Die Deutsche Kreditwirtschaft (DK): Stellungnahme zum Konsultationspapier 01/2012 der Bundesanstalt für Finanzdienstleistungsaufsicht (BaFin) – „Überarbeitung der MaRisk", 5. Juni 2012.

DIIR – Deutsches Institut für Interne Revision e. V., Institut für Interne Revision Österreich, Schweizerischer Verband für Interne Revision (Hrsg. der deutschen Ausgabe): Internationale Standards für die berufliche Praxis der Internen Revision 2013, veröffentlicht am 18. Dezember 2012 (Version 1.0), Frankfurt am Main, S. 5.

European Financial Institutions Risk Managers Forum (EFIRM): Typology of Operational Risk, Appendix 1, http://www.efirm.org/Appendix1.pdf, Abruf: 15.06.2013.

Früh, Andreas (2010): Legal & Compliance – Abgrenzung oder Annäherung (am Beispiel einer Bank), in: CCZ – Corporate Compliance Zeitschrift, 3. Jahrgang, Nr. 4/2010, S. 121ff.

Gabler Wirtschaftslexikon (2004): 16. Auflage, Wiesbaden.

Gesetz zur Stärkung des Anlegerschutzes und Verbesserung der Funktionsfähigkeit des Kapitalmarkts (Anlegerschutz- und Funktionsverbesserungsgesetz – AnsFuG), Bundesrat Drucksache 101/11 vom 25. Februar 2011.

Hauschka, Christoph (Hrsg.) (2010): Corporate Compliance – Handbuch der Haftungsvermeidung im Unternehmen, 2. Auflage, München: Verlag C. H. Beck oHG.

Hauschka, Christoph (2004): Compliance, Compliance-Manager, Compliance-Programme: Eine geeignete Reaktion auf gestiegene Haftungsrisiken für Unternehmen und Management?, in: Neue Juristische Wochenschrift (NJW), S. 257ff.

Hofer, Markus (2013): Neue MaRisk, in: BaFin Journal, 03/2013, Bundesanstalt für Finanzdienstleistungsaufsicht (Hrsg.), Frankfurt / Bonn, S. 15-18.

Höltgers, Wolfgang (Hrsg.) (2011): Kommentar zum Aktiengesetz, 1. Auflage, München: Verlag C. H. Beck oHG.

Institut der Wirtschaftsprüfer in Deutschland e.V. (IDW) (2011): IDW Prüfungsstandard, Grundsätze ordnungsmäßiger Prüfung von Compliance-Management-Systemen (IDW PS 980), Stand 11. März 2011.

Kölbel, Ralf (2008): Wirtschaftskriminalität und unternehmensinterne Strafrechtsdurchsetzung, in: Monatsschrift für Kriminologie und Strafrechtsreform, 1/2008, S. 22ff.

Krause, Lars / Borens, David (2009): Das strategische Risikomanagement der ISO 31000, in: ZRFG, zweiteilig, 4/2009 S. 180ff., 5/2009, S. 227ff.

Neuhaus, Ralf (2010): Compliance-Systeme und Vorfeldermittlungen, in: Lüderssen, Klaus / Kempf, Eberhard / Volk, Klaus (Hrsg.) Die Finanzkrise, das Wirtschaftsstrafrecht und die Moral, Berlin: Verlag Walter de Gruyter GmbH.

Park, Tido (Hrsg.) (2013): Kapitalmarktstrafrecht – Straftaten, Ordnungswidrigkeiten, Finanzaufsicht, Compliance, Handkommentar, 3. Auflage, Baden-Baden: Nomos Verlagsgesellschaft mbH & Co. KG.

Poppe, Sina (2010): Begriffsbestimmung Compliance: Bedeutung und Notwendigkeit, in: Görling, Helmut / Inderst, Cornelia / Bannenberg, Britta (Hrsg.), Handbuch Compliance (Compliance, Aufbau-Management-Risikobereiche), Kapitel 1, München: Verlag C. F. Müller GmbH, S. 1ff.

Regierungskommission Deutscher Corporate Governance Kodex (2013): Deutscher Corporate Governance Kodex, Stand vom 13. Mai 2013.

Richtlinie 2004/39/EG des Europäischen Parlaments und des Rates vom 21. April 2004 über Märkte für Finanzinstrumente, zur Änderung der Richtlinien 85/611/ EWG und 93/6/EWG des Rates und der *Richtlinie 2000/12/EG* des Europäischen Parlaments und des Rates und zur Aufhebung der *Richtlinie 93/22/EWG* des Rates (Amtsblatt der Europäischen Union L 145/1 vom 30. April 2004), [Markets in Financial Instruments Direktive (MiFID)].

Röh, Lars (2010): Verhältnis von Compliance zu Risikomanagement, Interner Revision und Rechtsabteilung, in: Renz, Hartmut / Hense Dirk (Hrsg.), Wertpapier-Compliance in der Praxis, Kapitel 3: Interne Revision und Compliance, Berlin: Erich Schmidt Verlag GmbH & Co. KG, S. 951ff.

Schefold, Christian (2011): Compliance-Management-Systeme nach deutschem Standard, in: ZRFC, 6/2011, S. 221ff.

Schimansky, Herbert / Bunte, Hermann-Josef / Lwowski, Hans-Jürgen (Hrsg.)(2011): Bankrechts-Handbuch, 4. Auflage, München: Verlag C. H. Beck oHG.

Spindler, Gerald (2008): § 93 – Sorgfaltspflicht und Verantwortlichkeit der Vorstandsmitglieder, in: Goette, Wulf / Gach, Bernt / Habersack, Mathias / Spindler, Gerald / Kalss, Susanne (Hrsg.), Münchener Kommentar zum Aktiengesetz: AktG Band 2: §§ 76 – 117, MitbestG, DrittelbG, München: Verlag C. H. Beck oHG, S. 536ff.

Verordnung zur Konkretisierung der Verhaltensregeln und Organisationsanforderungen für Wertpapierdienstleistungsunternehmen (Wertpapierdienstleistungs-, Verhaltens- und Organisationsverordnung – WpDVerOV) vom 20. Juli 2007 (BGBl. I S. 1432), zuletzt geändert durch Artikel 27 Absatz 5 des Gesetzes vom 4. Juli 2013 (BGBl. I S. 1981).

Wentner, Gundi (2013): Tone at the Top Unternehmenskultur, Führung & Compliance, Vortrag im Rahmen des 6. Compliance Netzwerktreffens des Compliance Netzwerks Österreich am 31.05.2013, http://www.compliance-praxis.at/Kurzartikel/6.-Netzwerktreffen-Compliance-mit-Augenmass, Abruf: 15.06.2013.

Stichwortverzeichnis

W

Z